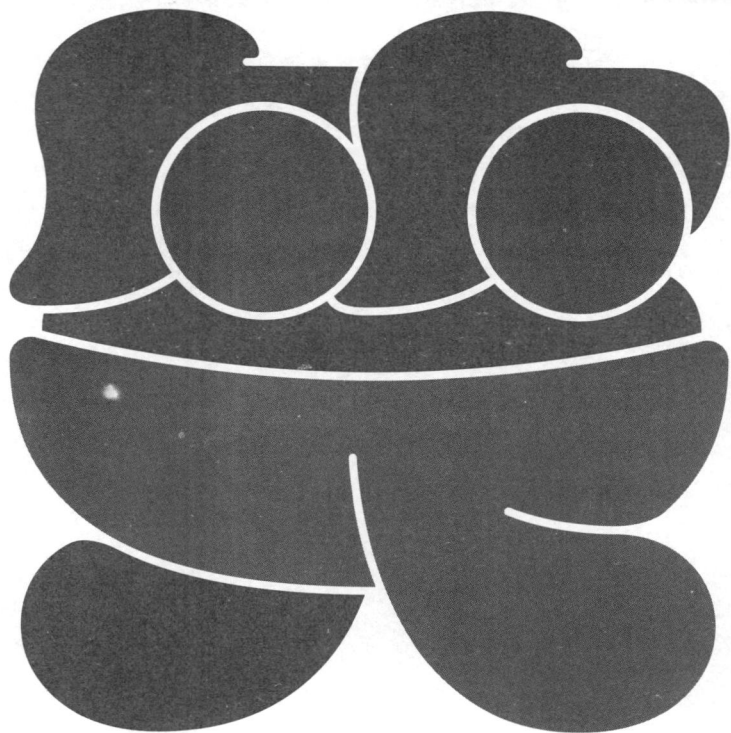

みたに こうき まつの だいすけ

喜

Koki
Mitani

Daisuke
Matsuno

之

三谷幸喜
谈创作

[日]三谷幸喜 松野大介／著

林煌／译

創作を語る

后浪
电影学院

165

中国友谊出版公司

大学

前言一

三谷幸喜

这是我第二次回顾自己的工作（和人生）。

拍摄第一部电影的时候，我回顾过一次，那已经是 16 年前的事了。[1] 身为编剧和导演，我不清楚自己算是"没怎么回顾这 16 年的日子"，还是"常常回顾这段日子"。不过，我能确定的是，如果没有人邀请，我不会主动回忆往昔。

而且，日常生活中的我也不太喜欢回顾自己的生活，我不写日记，没有拍照的习惯，连相册都没有。不会重读以前写过的剧本，也不会重看以前参与过的作品，看了也是给自己找不痛快。如果有空怀念过去，还不如用这个时间考虑今后的事。

我写的东西一直没什么长进，原因也许就在这里吧。走在路上的时候，只要没有人从背后叫住我，我就不会回头。播放录好的节目时，我几乎不会按遥控器上的回放键。总之，我就是那种坚决不回头的人。

这次，我之所以决定回过头看一看，原因只有一个，那就是和松野大介先生的"相遇"和"再会"。

搞笑艺人时期的松野先生经常用伦尼·布鲁斯[2]式的毒舌让气氛降至冰点，是个有些奇怪的喜剧演员。他热衷于把别人逗乐，气质却有些阴暗。表演十分大胆，性格却有些害羞。外表看起来像无政府主义者，内里却中规中矩。说实话，作为明星，他这个人未免有些不够有趣，但我却很喜欢他。他大概对生活这件事不太擅长，但总之我无法忘掉他。

虽说没忘掉他，但也没什么特别值得回想的事。经年累月，他已经彻底转以写作为生，能和这样的他一起，完成这样的一本书，实在是一件叫人高兴的事。和他对谈的十几个小时也很愉快，对于严重怕生的我来说，平常几乎没有这么轻松地和人聊过天。隔这么久再见到他，他看上去少了几分无政府主义者的气质，外表甚至比内在更加中规中矩了。

没有他，就没有这本书。当然了，没有我，也不会有这本书。

关于我和松野先生"相遇"和"再会"的始末，他已经详细写下来了，请参考他的记述吧。毕竟我是个不擅长回顾的人啊。

前言二

松野大介

　　我把撰写这本三谷幸喜创作谈的经过和我自己的想法以及心情，都放在篇幅更长的后记里了。如果在进入正文前先读一读后记，那么就既能稍微缓解三谷先生和我一起创作本书的唐突感，又能稍微理解我想表现的剧作家三谷幸喜的形象了。（其实我是想把那个写到前言里的，但因为篇幅太长被骂了一顿……）

　　请允许我简单地介绍一下自己以及今年（2013年）的若干计划。
　　我从80年代，也就是我二十几岁的时候开始从事演艺活动，三十岁之后开始转向小说和随笔的写作，四十岁起又参与电视节目，开始采访艺人和各界明星（总之就是什么都在做啦）。三谷先生在我刚出道那会儿帮我挑过搞笑段子的毛病，后来只是偶尔碰面，说不上有多深的交情。

虽然我们关系淡薄，但 2013 年春，我却接到一个工作，要在某晚报上连载对三谷先生的采访。那会儿和三谷先生面对面聊天时，话题不知不觉就跑偏到了两人都喜欢的电影上，十分有趣。我那时就很想和他再多聊一会儿。

那次连载的话题主要是三谷先生的个人生活和他与演员们的交往。连载期间，讲谈社的编辑找到我，希望我能以三谷先生的创作为中心写一本书。在那之后，几经辗转（请参见后记），我终于得以对三谷先生进行了一次长时间的采访。这就是我在前言里想要说明的一件重要的事：这本书并不是在三谷先生的提议下创作的。

对于我来说，这是一册由"我和三谷先生兴趣相投"这样自顾自的想法肇始的珍贵采访集。我们一共聊了超过 12 个小时。

采访地点是三谷先生选定的东京市内的一间咖啡店。请一边想象一间由技艺精湛、白发飘飘的店长经营的咖啡店（虽说采访的第三天来了一群声音很大的大婶），一边愉快地阅读本书吧。如果大家能以采访纪录片类节目的视角来观看（阅读），花了两周时间整理这些采访材料的我也会觉得开心。

那么，一会儿见啦。

目

录

1991 年的舞台剧《演出不能停》上演时使用的剧本

創造了電視劇黃金時代的三谷劇本
上排左起:《回首又見他》《古畑任三郎》《宇宙浪漫夜》
下排左起:《不平凡的勇氣》《新选组!》《奇迹餐厅》

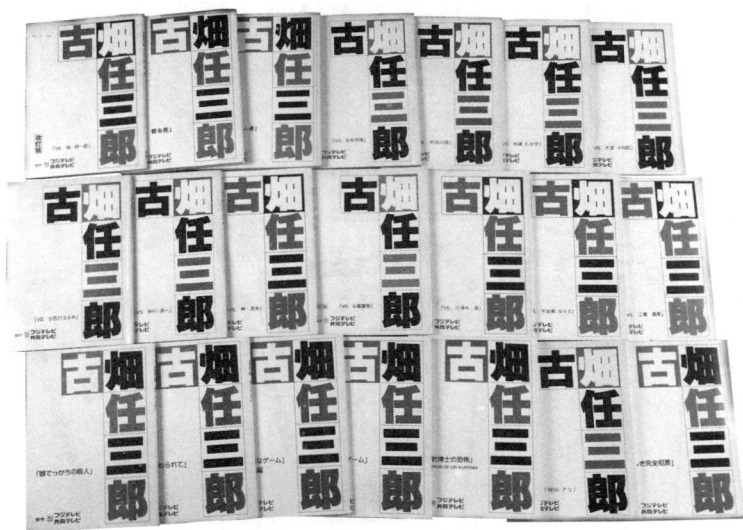

1994 年至 2006 年全系列共 42 集的《古畑任三郎》剧本

迄今为止三谷幸喜执导过的 6 部电影作品
上排左起：《广播时间》《大家的家》《有顶天酒店》
下排左起：《魔幻时刻》《了不起的亡灵》《清须会议》

僕の仕事を
語りまくりました。
三谷幸喜

毫无保留，我道尽了自己的工作。

01

果然还是喜欢猫

（1988—1990）

★　放送作家时期

★　《蛤蜊佩佩》

★　"每句台词都不超过 20 个字"

◎ 为期 4 天、总时长超过 12 个小时的采访在东京市内某咖啡店进行，店主泡的咖啡真是好喝极了。

　　一开始，我请三谷先生快速回顾了他从最初参与综艺节目制作到成为编剧的经历。

——在以剧作家的身份出道之前，你是从放送作家[3]开始做起的，对吧？

三谷：我还在日艺（日本大学艺术学部）上学那会儿就开始当放送作家了。那时我看到大学的公告栏上贴着"招募放送作家"的告示，就加入了一家名叫 Octagon 的作家事务所。不过一开始就和兼职打工差不多，在各种综艺节目里帮过忙，其中有很多是问答类节目，但我真的很不擅长出题目。

——是什么样的节目呢？

三谷：在《咦！骗人的吧！是真的吗？！》（日本电视台）这个节目里，题目会展示一种奇怪的外国风俗习惯，让答题者判断这种风俗是真的还是假的。比起寻找实际存在的风俗习惯，我更热衷于虚构"让人感觉似乎存在"的假习俗。节目组开会时，作家们轮流展示自己收集或编造的习俗，由工作人员来猜是真的还是假的，相当于正式节目的预演。那些能骗过大家或者能炒热气氛的提案就会被采纳。不过，比起被采纳，我还是更愿意构思那些我觉得有趣的东西……

比如，我出过一个题目——"南太平洋某岛上的住民都会蜕皮，那里的沙滩上遍布着人蜕下的皮"，大家听到后异口同声地回答"假的！""假的！"。虽然一共出了3年的题目，但是一次都没有被采纳过。

——一次都没被采纳吗？那还付你薪水吗？

三谷：薪水是照付的，所以我心里才觉得不好受……我还参加了《搞笑漫画道场》（日本电视台）、《阿钦！好孩子、坏孩子、普通孩子》（富士电视台）等节目的制作。我虽然不擅长出题目，但却很乐于创作搞笑短剧，因为这种戏剧式的、以对话为中心的写作更合我的胃口。

——从那个时候起，比起在电视界闯荡，你就更想成为一个编剧了？

三谷： 薪水大都被用作大学时组建的剧团的活动经费了，这笔钱还是挺重要的，但为了得到这笔钱，干的尽是些不对路的工作。所以，在那之后，我辞去了作家事务所的工作，开始跟剧作家水谷龙二先生学写剧本。虽然参加的还是综艺节目，但我得到了给《阿安和阿洁的爆笑星期日》里的莱昂纳多剧团，还有"山口君和竹田君"二人组的专属栏目写剧本的工作。借着这份工作，我和山口先生、竹田先生熟络起来，还去道顿堀的脱衣舞剧场看了他们的演出。演出十分搞笑。之后，我以专属作家的身份和两位先生一起完成了将近 50 部搞笑短剧。搞笑短剧和戏剧一样有不少台词，写起来很开心。

其实我那时还写过《海螺小姐》的剧本，不过，和在问答节目兼职时一样，我依然净是写些自己觉得有意思的东西……我写的四集里，有三集都被拍出来正式播出了，另有一集讲的是鳕男用肌肉增强剂把自己的肌肉变得超级发达后，跑去参加奥运会的故事。我给这集起了个名字叫《鳕男的成长时期》，没想到触怒了制片人，他当着我的面猛地把剧本扔进了垃圾桶。

"你根本不明白《海螺小姐》的内涵，你之后别来了！"不过《海螺小姐》的结局却说所有故事都是鳕男做的一个梦……

——这一集拍出来会是什么样的呢，真想看看啊。

◎ 三谷先生当时二十多岁，担任剧团"东京 Sunshine Boys"[4] 的团长，但剧团完全没有人气，只能勉强维持。稍后我也请三谷先生谈及这一段经历——就在这个时候，他和一部电视剧相遇了。

三谷：偶然在夜深的时候打开电视，正好在播一部我非常喜欢的深夜剧。这部剧就是《果然还是喜欢猫》（1988，富士电视台）。

我的第一反应就是"多有意思啊！"。在这部喜剧里，罇真佐子、室井滋、小林聪美三人只以一个房间为舞台背景，发展出许许多多的故事。我那时觉得这就是我想拍的电视剧嘛！

◎《果然还是喜欢猫》是 East 公司制作的深夜剧，每集30分钟，于1988年10月至1991年9月在富士电视台播放。

本剧是独幕剧，故事发生在恩田家的三姐妹茅乃（罇真佐子 饰）、礼子（室井滋 饰）、君枝（小林聪美 饰）居住的公寓一室里（装修是泡沫经济时期开始流行起来的装饰混凝土风格），每周播放一集，每集讲述一个完整的故事。几乎每一集的出场人物都只有她们三人（再有就是猫了）。经常出现的情节是，三姐妹中的某一个从外面回来，向其他两人讲述在外面遇到的事情。整部剧集都以舞台剧的形式呈现，很接近于三谷先生喜欢（我也喜欢）的30分钟左右一集的美式情景喜剧（把现场观众的笑声也收录进来，剧集完全以舞台表演的形式呈现）。

三谷：我在片尾的演职人员名单里发现了以前一起共事过的清水东先生的名字，制作人名单则以我参加过的问答节目的制作人开头，底下都是些我认识的工作人员。

参与制作本剧的都是我身边的电视从业者，只有我一个人置身事外……我既感到很受打击，又觉得不甘心，一个人在房间里闷闷不乐。

——是因为没被邀请所以很受打击吗？

三谷：夸张点说，就是一种"神啊，为什么要对我这么残忍！"的心情。受到这个打击，我决定放弃和电视有关的一切工作，专注于舞台剧……

第二天，我挨个儿拜访了之前为我提供过工作机会的制片人，告诉他们我不干了。但是，又过了一天，《果然还是喜欢猫》的制作方 East 公司的导演打了一通电话给我：

"深夜剧《果然还是喜欢猫》的放送作家现在人手不足，你要来试试吗？"

第一次观看《果然还是喜欢猫》的第二天，我就辞掉了所有工作，又过了一天，居然接到了剧组的邀约，真有点不可思议。好像是某位觉得剧集开始落入俗套的导演看了我的舞台剧，然后推荐了我。《果然还是喜欢猫》虽然有剧本，但还是演员的即兴表演更显魅力。但是，后来因为拍摄时间紧张，终于无法坚持，转而采用"先有成形的剧本，再以剧本为基础扩充剧情"的制作方针。观众也许认为我是从一开始就为本剧写作剧本的，其实最初的剧本负责人是清水东先生和为《我们搞笑一族》（富士电视台）写作台本的广冈丰先生。我是从第二单元开始才加入的。最开始写的《蛤蜊佩佩》这一集得到好评，所以很快就转为专属编剧了。

◎《蛤蜊佩佩》的故事是：为了参加"世界惊奇动物大奖赛"，从巴西远道而来的"会说话的蛤蜊"佩佩被托付给君枝保管一晚。礼子把佩佩从水箱里取出，却和茅乃从别人那儿收到的一盆蛤蜊混在了一起！三人只好想办法从中分辨出佩佩……三位演员也给出了"佩佩这一集真是杰作"的好评。

——第一集就打出名堂，也很契合整部剧的氛围。可能是即兴表演比较多的缘故吧，这部剧有一种优哉游哉的独特氛围。您当时是怎么创作的呢？

三谷：其实去了拍摄现场就会发现，三位女演员都是有意不去背台词的。只是把台词记住再念出来，就和普通的电视剧没什么两样了。虽然也会对一遍台词，但接着就正式开拍了。虽然和搞笑短剧不同，但这种悠闲的感觉的确是一个卖点。

于是我就想，怎么才能在不记台词的前提下表演呢？解决方案就是，说明性的台词我一句不写，并且每句台词都不超过20个字。这个过程真是让我获益良多。

◎每一周不管发生什么事情（或者事件），都从房子里三人的闲聊展开。用"就是嘛""什么嘛""怎么样了嘛"之类的台词制造缓冲，整部剧给人热闹的印象。鳟真佐子呆头呆脑的说话方式给弥漫着无机感的房间增添了一丝暖意。整部剧诠释了这么一句俗语：三个女人一台戏。

《果然还是喜欢猫》和之后的《HR》（2002，富士电视台）、《别叫我首相》（1997，富士电视台）组成了"三谷幸喜情景喜剧三部曲"（我的叫法），它们的特点都是单一场景、少量演员（三位女主演被邀请参加富士电视台1989年的新年节目，也证明了本剧的高人气）。

——能加入热播中的电视剧是一件很幸运的事吧？

三谷：我在这部作品里正式以编剧的身份出道了嘛，有段时间就我一个人在写。

不过《果然还是喜欢猫》的后半段有些不堪回首。

刚才也提到过，我没有参与本剧第一单元的制作，这个阶段既有剧本，又不失即兴表演的趣味，真的很逗。三位演员像是拿着还是半成品的剧本，自己补足其中的内容。这种形式持续了一段时间，就渐渐变得有些套路化了，所以制作方就考虑增强故事性，于是邀请我加入。虽然我中途以主笔编剧的身份加入，写了不少把重点放在讲故事上的剧本，但从剧集在黄金时段播出的时候起，就又变得套路化了。让一位编剧来构思一个房间里三人之间发生的故事，久而久之的确是会遇上瓶颈的。

读剧本的时候，也曾有制片人说过"这不是和之前写过的很像嘛"，然后就把剧本扔掉了。

——尤其是在即兴表演成分较多的电视剧里，确实既会有点子源源不断的时候，但也有滑向窠臼、怎么修补都觉得不对劲的时候吧？

三谷：也有破罐破摔的时候，电视这一行真难干啊。美国的电视剧也是这样，演得久了总有种剧情拖沓的感觉，套路化也是十分明显。

——美剧里有这样的设定：剧里的大概第五号角色因为离婚而离开了，为了好歹填补这个人的空缺，就又加进了一个新的角色。但这个新的角色也面临离婚的危机，情节还和之前十分相似。

三谷：通常日本的电视剧会在一开始就决定好会不会在一个单元里完结，对于保证作品质量来说，这是件好事。综艺节目打从一开始就没想过完结这回事，大都是因为收视率不行了才被拿下，所以节目完结后的全体聚会大都死气沉沉的。如果是从节目的常规阵容里单拿掉一个人，再更换一个新人，那气氛也是相当沉重。

—— 我就曾经被节目组单独劝退过。

三谷：到被辞退为止，大家明明还一团和气地一起工作呢（笑）。

02

回首又见他

★ 《我与你们同在》

★ 开拍之前的重要邀约

★ 震撼的最后一集的版本更替

★ "喜欢无能之人重新振作起来的故事"

三谷：我几乎不看自己写的电视剧，因为觉得很难为情。不过前段时间，我很久之前写的一部两小时剧集在电视上播放，我就看了。是一部单集电视剧，叫《我与你们同在》（1992）。看的时候，我既感到安心又觉得惊讶。

◎ 凭借《果然还是喜欢猫》以电视剧编剧身份出道的三谷幸喜，在本剧制片人的委托下又写了《女鼠小僧·万万不能！大江户赌博地狱》（制片人劝说三谷的理由是"既然写了猫，就接着写写老鼠吧"）和《天国往北三公里》（大地真央主演）等富士台的单集电视剧。在这之后的作品就是《我与你们同在》。

（1993）

三谷：岳母有心帮忙录下了 BS 富士台上播放的《我与你们同在》，和我说了句"电视上播的"，然后塞给我一张 DVD。虽然不是很想看，但我还是动动食指按下了播放键。

渡边谦饰演一位通过演示商品用法来卖货的推销员，石黑贤饰演他的雇主。渡边谦的戏份几乎贯穿整部剧。情节上和《七武士》类似。萧条的商店街附近突然建起了巨大的百货大楼，把客人都抢走了。就在商店街的人们讨论如何让商店街再度热闹起来时，一位年轻的理发店老板提到"以前见过一位很厉害的演示推销员，人称'传说中的演示推销员'。如果能找到他帮忙，客人一定会回心转意的"，说着便出发去找人了。后来人是找着了，但这位传说中的演示推销员却不愿意出手相助。不过，推销员最后还是被年轻人的想法感动，同意出山。其实，他因为性格上的问题被公司开除了，正处在人生中最困顿的时候。就在这时，他突然成了被需要的人，借着演示推销的技艺重新振作起来……

感到安心的是，我一下看出这个本子想得不够深入，觉得"放到现在肯定不会这么写了"，所以也勉强感觉自己还算是有所进步。看之前我就一直担心："要是这部作品完成度就已经很高了，那该怎么办？"——因为这样就等于自己一直没有进步了嘛。还好，虽然前半段很有趣，后半段却是状况频出（笑）。

觉得惊讶的是，这部作品不知道为什么给人一种气势很足的感觉。当时完全没有名气的剧作家写出的这部《我与你们同在》，虽然十分粗糙、情节套路化，剧情发展也存在说不通的地方，但还是散发着一股让人一直守着看完的力量。

"现在我创作的东西里还有这样的力量吗？"——我略感不

安。时隔 20 年再看自己的作品，真是收获良多。明明是自己写的东西，看的时候却满怀期待。

台词也好，情节也罢，就连结局我都通通不记得了。看的时候，我并不是"回忆起"这些台词和情节。我就是当初写下这部作品的人，所以感受的方式是一样的，自然也就能预测接下来的剧情。其实我都是猜中的，台词明明已经不记得了，但我在心里暗想"这家伙接下来会这么说"时，他果然就这么说了。

——这就好像把 20 年前自己写的剧本拿来给现在的自己出了道问答题嘛。

三谷：现在还是会这么写吧，因为想法一直没有变过。

《不平凡的勇气》（2000，富士电视台）和电影《魔幻时刻》（2008）的故事设定也和《我与你们同在》类似：空有一身技艺的无能男人为陌生人挺身而出，并以此为契机重新振作起来，找回了原来的自己。虽然很喜欢"无能之人重新振作"这种模式，但我可是重复写了三个同样的故事啊。《魔幻时刻》是对《不平凡的勇气》的重制，这是有意为之的。但是在写《不平凡的勇气》的时候，其实我完全没有意识到《我与你们同在》的存在，这也让我有些受打击。因为我不知不觉就开始模仿自己了。所以，如果不好好回看自己的作品的话，就会轻易构成对自己的抄袭。所以，趁此机会我回顾了一遍自己的作品，从这一点来讲，我觉得这个采访可能也是很有意义的。

最近我还回过头看了另一部作品，就是《回首又见他》（1993），自从当初在电视上播出之后，我就再也没看过了。

◎《回首又见他》是 1993 年 1 月开始播放的连续剧（播出时间为当年 1 月至 3 月），是在富士电视台制片人石原隆的率领下，与共同电视（之后制作了剧集《古畑任三郎》）联合制作的首部连续剧。制作班底中的一位单集导演河野圭太后来也执导了《古畑任三郎》等众多由三谷先生担纲编剧的富士台电视剧。

本剧的主角是唯利是图、技术精湛的天才医生司马（织田裕二 饰）和前往司马所在的天真楼医院赴任的正义医生石川（石黑贤 饰）。

除了两位主角之外，还有千堂秋穗饰演的麻醉科医生、松下由树饰演的实习医生、鹿贺丈史饰演的外科科长（也是一位名医）、西村雅彦饰演的医生等角色。此外，还有饰演医院社工的佐藤 B 作、饰演药品公司销售的中村梓。角色看上去似乎很多，但其实在医院题材的电视剧中已经算少了，而且大部分剧情都在织田、石黑、千堂、松下四人之间展开。

《回首又见他》既是"连续剧"，又有不少单集讲述的是一个完整的故事，所以看起来不费劲。每看完一集都可以收拾心情期待下一集。在每集最后一个镜头里，当角色（主要是织田裕二）说出最后一句台词时，"恰克与飞鸟"演唱的主题曲《YAH YAH YAH》就恰到好处地响起，这样的结尾也给观众留下了深刻的印象。

在爱情喜剧和时髦剧[5]层出不穷的 20 世纪 90 年代初期，表现追名逐利的医生和正义的医生间对立的《回首又见他》在当时弥漫着一股沉重的气息。现在回看时也会产生阴郁的感受。虽然程度上不及后来的《古畑任三郎》系列和《宇宙浪漫夜》（1998，富士电视台），但本剧也奠定了三谷电视剧的特征之一——人数少。里面几乎没有什么突然出现，留下几句搅和剧情的台词，然后就消失不见的角色。可能也正因如此，全剧弥漫着一种紧张兮兮的气氛，给人留下了阴郁的印象。

——请介绍一下您初次执笔电视连续剧剧本的经过吧。

三谷：是富士台的制片人石原隆先生找的我，他有一次来看了我的舞台剧，后来我们就有了很多工作上的往来。虽然接到委托是件开心的事，不过一月份就要开播的电视剧，找到我的时候已经是前一年的秋天了。

——演员的邀约也不至于这么晚吧？

三谷：最晚11月就该正式开拍了，所以我必须马上开始写才行。后来才听说这部剧原本是交给另一位编剧的，但那人似乎临时爽约了，这才找到了我。时间如此之少，已经说得上是紧急状态了，因为这类委托一般都要提前大约一年。不过那个时候的我对这些并没有概念，还以为这是正常的情况。

——之前的那位编剧也许是一个字都没写，眼看着时间紧迫才决定退出的吧。

三谷：让我惊讶的是连剧集的设定都还没定下来。不过，为了确保能赶上播出，制作方先拍摄了开场的镜头：穿黑色大衣的织田和穿白色大衣的石黑在码头奔跑。所以我就提议"不如拍个箱根驿传[6]主题的剧吧"（笑）。

——明明都穿着大衣，却还想拍成接力跑吗？

三谷：于是制片人说："希望设计成坏医生和好医生的故事。织田是坏医生，石黑是有正义感的好医生。拍成一个黑与白较量的故事。"

话虽如此，可医院什么的我完全不了解，而且也没有时间让我学习了。所以我就先把手冢治虫的《怪医黑杰克》通读了一遍（笑）。随后只是去医院参观学习了一下，我就匆匆动笔了。每周必须至少写出一集的量，节奏快得不行。不过《回首又见他》这个剧名倒是一下就想到了。

因为是第一次写连续剧的剧本，所以我本想花上充分的时间打磨，确保万无一失。不过现在想来，也许就是因为被逼到了那种处境，才反而被激发出潜能写出了剧本，虽然后来还是拖稿了……我经常被人说稿子交得晚，但单就这部剧而言，原因真不在我身上。

——拍摄的时间足够吗？

三谷：拍摄之所以能够如期完成，是因为本剧 90% 的场景都设定在医院里，而且大部分是手术室和走廊。既不用搭布景，也不用出外景。如果不是这样的话，大概会赶不上吧。

——在匆匆下笔的过程中，您特别留意剧本的哪些方面，或者说对内容做了哪些设定？

三谷：让大部分的情节发生在医院这个空间里，还有就是每一集大都讲述一天之内发生的故事。我以每周写一部新的舞台剧的心情来写这部剧，对于连续剧来说这还挺新鲜的。不过美剧《急诊室的故事》（ER，1994—2009）的形式也是每集描绘医生们在医院里的一天，我还怀疑过《急诊室的故事》是不是抄袭了《回首又见他》呢（笑）。

◎《回首又见他》在 90 年代初期的电视剧中散发出别样的魅力，平均收视率为 16.8%，最后一集的收视率达到 22.7%。大结局的高收视率证明了本剧的魅力。

三谷：重看的时候，总会想起那些我写下来后被工作人员删掉的情节和台词。当时真是背负着巨大的压力。明明没有了那个被整个删掉的情节，接下来的故事就无法成立，但是除了我之外根本没有人发现。我虽然抗议道"这一幕绝对不能删"，但完成的录像带里就是没有这一幕。虽然当时知道必须要控制时间，但过了这么久再看，眼光就会变得客观嘛，果然还是会觉得被删掉的戏是不能少的，不然就显得生硬了。

——距离写下剧本已经过去 20 年了，还能记得那些被删掉的戏吗？

三谷：我还记得那些被删掉的戏，却把"戏被删掉了"这回事忘了。所以，当我觉得"接下来的镜头应该是这样"的时候，如果预想的一幕没有出现，就会回想起"啊，已经被删掉了"。故事的结构和我的理解之间出现了偏差，这让我感到焦躁。

——20 年前写的剧本也会让您感到焦躁吗？

三谷：嗯……因为想起了很多由此引发的事情，所以才觉得焦躁吧（笑）。

—— 您的确给人一种挫折不断的印象啊。不过，对于电视剧来说，因为时间限制而删减可以说是家常便饭。不限本剧，剧本删减大概都有哪些原因呢？

三谷：比如剧本拖沓，导致总长度超过限制时，就必须删掉其中的某些部分。还有一种我很不乐意看到的情形，就是演员觉得某句台词、某场戏是多余的，所以后来就被删掉了。还有就是虽然实际拍了出来，但因为太长了，最后剪辑的时候就被剪掉了。

—— 对于剧作家来说，前两种情况的确很难接受啊。

三谷：看成片的时候，经常会想："为什么拍得这么慢吞吞的呢，如果这场戏节奏再加快些，不就不会被剪掉了吗？"

—— 不过《回首又见他》和之后的三谷制作相比，几乎没有什么推动剧情发展的对话，台词量也很少。

三谷：这也是我的问题。因为是第一次写连续剧，所以我也不明白其中的门道，再加上刚刚提到的时间问题，和制片人之间的交流也不够充分。在我写过的剧本中，这算是相当严肃的一个，不过还是想给观众一种时不时有笑点出现的印象。但是制作方却希望整部剧都是严肃的，所以把那些"让人稍微放宽心的笑料"都删掉了。但是，让人放宽心的情节并不是不必要的。我从不写不必要的戏，所以在让人发笑的同时，这些情节里也含有重大的意义，又或者为后面的剧情埋下伏笔。以"让人发笑"为由删掉这些戏，整个故事就变得不完整了。

——这部剧氛围冷峻，给人一种相当沉重的感觉啊。

三谷：原先的剧本会多几分喜剧的元素。如果是现在的我被要求写一个"一点喜剧成分都不要"的剧本，应该能写出比那更严肃的东西吧。不过当时我既没有那个技术，又有点固执，在后半部分的剧本里，我故意写了些明知道最后会被删掉的搞笑情节，想着"被删掉就被删掉吧，只要制片人觉得好笑就行"，写作的目的整个都变了（笑）。

◎ 下一章还会提到，年轻时的三谷幸喜很喜欢用这种思路写作：只要工作人员能觉得好笑就足够了。

三谷：不过那时候我没想要成为电视剧的编剧，想着只写这一部也没什么问题，也没有必须按照制作方的指示写作的意识，觉得"就算被讨厌也没关系"。

——毕竟是另一位编剧临时退出，临时找到您的嘛。和您之后的作品比起来，这部剧真是严肃极了。好医生和坏医生之间的对立也相当严肃。

三谷：做着手术的医生忽然打起架来，这在现实当中完全不可能，这么想想剧本还是有些脱离现实了。而且，这次重看时发现手术室的场景布置也有些不合常理，虽然当时道具不是直接由我负责的。

——是手术用具的数量太少了吗？

三谷：医生的数量也很少。有点像凭空想象的手术室了。不过在剧里还挺像那么回事的。

——这和织田裕二的人气也有关系吧。

三谷： 那是在《东京爱情故事》（1991，富士电视台，织田裕二饰演男主角）之后不久吧，所以织田也想"展示全新的自我"，演得很是卖力。

　　我觉得这个剧本里最让人不堪回首的是司马医生的绰号：织田裕二扮演的司马医生因为在之前供职的医院里医死了几个病人，所以得到了一个"Doctor Sterben"的绰号，"Sterben"[7]在医学术语里的确是用来表示"死亡"。但我觉得这么一个绰号很丢脸，而且想想就知道，现实里根本没有日本人会给医生起一个Doctor Sterben的绰号。回想起构思这个绰号的过程，也就回想起我那时有多幼稚，因为那时我只是单纯觉得这个绰号很帅气。Sterben的发音诚然不坏，但太不切实际了，而那时的我却没有留意到。

——当时剧组里没人指出医院里的医生很少这件事吗？

三谷： 倒是没有这种抱怨。当时拍摄的日程真是非常紧张，医院的场景都是在一个叫TMC（Tokyo Media City，东京媒体城）的片场拍的，置景包括医生们的房间和手术室。大堂的场景是在某个办公室拍的。演员方面我也从没想过要增加出场人物的数量。

——明明是医院，走廊里却没有人走动，反而营造出一种瘆人的气氛，就像深夜里的走廊一样。只有中村梓在大堂谈交易的那场戏才给人一种白天的感觉。

三谷：医院像被隔离起来似的，从这点上看这部剧倒是挺稀奇的。不过这种氛围制造出一种紧张感，往好了说变成了作品的某种个性。确实，整部剧就像是在深夜拍摄的。

—— 因为是深夜，所以只有四位医生。

三谷：值班医生吗？原来大家可能会这么想啊（笑）。

—— 从结果上看，没有硬是让一些挂着拐杖的临时演员上去填充走廊的决定是对的。它和稍后的《古畑任三郎》一样，都是遵循少人数制度的电视剧。

◎ 我们聊起了最终集极具冲击力的最后一幕：在主题曲的伴奏下，走在夜路上的司马忽然被人从背后刺了一刀，画面就定格在这里。

三谷：我写完电视剧的最后一集，就去尖端剧场（THEATER/TOPS）演舞台剧了。傍晚 6 点钟就快开演的时候，我在剧场接到工作人员的电话，说"要采纳织田先生的建议，对最后一幕做修改"。

在我的版本里，司马医生最后辞去了医院的工作，远走他方了。

"想让司马医生以死作结，所以想把最后一幕改成过路杀人狂犯案。我们想在司马医生离开医院走远时，安排一个人上去把他刺死，把这作为整部剧的最后一幕。"

听到这个建议，我直言不讳地表示"这可难办了"。

我说"没有主角会被偶然经过的过路杀人狂杀死啦"，稍后我在电话里得知制片人也很是困扰。

然后我提出另一个方案：是否可以由西村雅彦来行刺。在大约两周前，西村饰演的医生同事因为被司马医生陷害而被医院辞退。他因此心生怨恨，决定以牙还牙，刺杀司马……

"……这个结局应该还不坏。"我这样告诉制片人。"我和织田先生商量一下，"制片人说完离开了一会儿，"就这么定了吧。"西村雅彦这时正好在尖端剧场里演着我的舞台剧，制片人留下一句"演出结束后就让他去现场行刺织田先生吧"。

西村当时已经杀青了，也收下了剧组准备的鲜花，却还是回了一趟剧组，在拍摄场地附近换上衣服，马上就有工作人员上前吩咐他说"请从后面刺过去"。

因为用了这个结局，所以《回首又见他》里的那个"他"指的就是西村啦！简直像是附录里的说明一样。

我相当抗拒突然的剧情变更，所以对这个得到许多观众好评的结局抱着复杂的心情。

为了不被误会，我还是必须要说一句，想出那个结局的织田先生真是了不起。

演员把自己完全投入角色之中，所以想在作品中保持角色的完整性，所有演员都是这样的。织田裕二大概把那个时候自己的人生全赌在司马医生这个角色上了，既气势汹汹，又韧性十足。所以比起不明不白的退场，大概更愿意一死了之吧。

——织田也许觉得"这么坏的医生，最后会不会落得个惨死的下场呢"，所以在期待着一个写有司马医生"被杀害的结局"的剧本吧。《向太阳怒吼》（1972）里，荻原健一饰演的第一代"青年警探"通心粉警探在解决完某案件后接着解决内急，突然出现一个来路不明的男人把他刺死。《回首又见他》的结局也有这种冲击力，在高潮前戛然而止，刺上一刀就结束了。

三谷：警察还多少能理解，刺杀一个医生多少有点滑稽。对于西村雅彦和整个剧组来说，那个结局从结果上看是好的。我也实在佩服自己随机应变的能力。打电话时想到"西村怀恨在心，行刺，司马回首又见他，这个'他'就是西村！"的时候，我觉得自己真的好厉害（笑）。

03

12 个温柔的日本人

（1990）

★ 东京 Sunshine Boys
★ 12 个纸人和心理图表
★ "这部剧的趣味和《三国志》类似"

◎ 在《果然还是喜欢猫》播出的 1990 年前后，三谷幸喜剧团的知名度也渐渐上升。在谈到大红的编剧作品之前，先简单回顾一下三谷幸喜在日本大学艺术学部组建剧团的经历。

——把时间稍微往前拨一拨，请介绍一下您在日艺组建剧团的经过。

三谷：入读日艺之前，我在念高中的时候，就用 8 毫米摄影机和剪辑工具拍过有配乐的电影，也就是独立电影。不过我拍的电影和其他狂热的电影爱好者拍出来的电影完全不一样，其他业余的电影大多是 15 分钟、20 分钟左右的影像。而我的电影像是台词很多的舞台剧，长度有 50 分钟。

——像是在拍一场舞台剧的演出？

三谷：其实我曾经有一次把自己拍的电影投给了匹亚电影节[8]，结果完全没有人欣赏。因为只是用糟糕的运镜对着说台词的人拍了 50 分钟，谁看了都会烦的。那个时候我就明白，我喜欢的不是影像，而是故事和台词。所以我没有选择日艺的电影专业，而是选择了戏剧专业。但是当时我所在的剧本专业学的都是戏剧的历史，别的导演、舞台美术、表演等专业的同学会通力合作排练舞台剧，只有剧本专业的学生被排除在外。所以为了能演舞台剧，我只好自己组建了剧团。

——再把时间往前拨一拨，您是否从小时候起就想过要自己创作舞台剧呢？

三谷：我写剧本和表演的起点大概都是"一个人玩"吧。小学的时候，我搜集过几百个"1∶35 微型军队系列"的战车和士兵模型，我还有很多大人买来用于装饰的士兵模型。我经常一边移动那些模型，一边从头到尾排演自己想象的故事。因为只有士兵的模型，所以不管什么故事都只好交给他们演了（笑）。一个人和这些人偶玩耍的经历变成了我的起点，或者说我的"根"，人偶后来就变成了剧团。

——起点是几百个士兵人偶，然后大学的时候变成了现实里的剧团。

三谷：一开始我只是去前辈们的剧团帮忙，剧团名字叫"昭和月影斜"，做的是当时流行的地下戏剧，剧团的定位近似于唐十郎[9]的红帐篷[10]。我是因为喜欢好莱坞的电影才开始学戏剧的，对地下戏剧的风格没什么兴趣，所以很快就退出了。

不过我很喜欢"聚到一起，排练，正式演出，结束之后一起庆功"这个流程。我从小就很喜欢《大逃亡》（*The Great Escape*，1963）这部电影，它讲的是一个一群人团结起来一起去挑战、去作战的故事，《七武士》（1954）也是这种类型的电影。这样的故事设定和大家聚起来组建剧团排练演出的画面重叠在一起，让我觉得演舞台剧是一件特别快乐的事。"反正要演，不如演些自己喜欢的故事！"——这么想着，我就组建了自己的剧团，也就是东京 Sunshine Boys。

——我在前言里也提到过，在我还是年轻艺人的时候，您曾经评判过我的搞笑梗。那时您也是刚毕业，剧团也还没什么名气吧？

三谷：西村雅彦等后来为剧团带来人气的成员当时还没有加入。剧团初创时的成员有我的同学、我同学的学弟、那位学弟的朋友，还有我念高中时的朋友。

我的感觉其实很矛盾：作为观众的我喜欢"集体作战"设定的电影，但作为一直自己一个人玩的独生子女，我一点也不擅长"集体作战"这件事（笑）。这样的我却组建了自己的剧团，多矛盾啊。这个矛盾成了我一生的课题。我既不是带领大家前进的领袖，也不是排练后招呼大家一起喝酒的大哥，其实只想一心扑到剧本上……但因为是我自己组建的剧团，所以只好勉为其难地担任团长。

——矛盾就像是您的人生主题，之后也常常出现。您一开始并不是团里的导演，对吗？

三谷：一开始导演的工作交给了另一位团员，我就只写剧本。在大概有100个座位的小剧场举行了公演。当时正好是冢公平（假名：つかこうへい）最受欢迎的时期，野田秀树也刚刚崭露头角，所以日艺的其他剧团大都很崇拜冢公平或者野田秀树。我的兴趣却在别处，总想着能写出好莱坞电影一样的舞台剧。

　　就在我怀疑舞台剧是不是真的适合我，甚至想过要放弃的时候，我在西武剧场（现在的PARCO剧场）看了尼尔·西蒙[11]的喜剧《单身公寓》，主演是石立铁男和杉浦直树。我很喜欢石立先生在《漏水的壳》（日本电视台）这样的家族题材喜剧里的表演，杉浦先生在《岸边的相册》（TBS电视台）里的表演也很棒。另外，我还很喜欢尼尔·西蒙担任编剧的同名电影。实际看过舞台剧之后，我觉得十分有趣，觉得如果能做出这种东西，那我愿意继续坚持下去！尼尔·西蒙、石立铁男、杉浦直树和舞台导演福田阳一郎，他们一道把我留在了戏剧这一行。

——是因为日本的名演员演出了您心目中的好莱坞式喜剧吗？

三谷：嗯，所以我决定"要做出像以前的好莱坞电影那样妙的喜剧"，于是写了剧本，去了小剧场演出。但这样的表演和别家的差别实在太大了，没人买单，更没人议论。我那些同辈的剧团一个个都得到了观众的认可，只有我的东京Sunshine Boys无人欣赏，剧评什么的一篇也没有。

　　不过，大概在我以编剧的身份参与《果然还是喜欢猫》之后，东京Sunshine Boys的演出也开始有观众捧场了。

说实话，因为之前既没有观众，又不见剧评，所以就暂时把剧团解散了；重建时，西村雅彦、相岛一之、梶原善等后来东京 Sunshine Boys 的明星成员就陆续加入了。和西村认识是因为看了他在文化座的表演，觉得这家伙真有意思呀，就邀请他加入了。梶原善是松重丰介绍的。音乐人甲本浩人的弟弟甲本雅裕和梶原一样是冈山县人，介绍他的人只说"这家伙想进表演这一行"。相岛一之是我后辈的朋友介绍的。相岛又在澡堂认识了演员近藤芳正。在这个开始有观众买单的阶段，我写的剧本并不以某一个人为主角，而多是以团体的形式进行的群像剧。

——其中就有《12 个温柔的日本人》，对吧？

三谷：我大概是在十岁的时候看了《十二怒汉》（*12 Angry Men*，1957），大笑了一场。12 个成年人聚起来认真讨论一件和自己毫无瓜葛的事，那场面太怪异了。我想没有多少十岁的小孩子会一边看《十二怒汉》一边笑个不停吧。

那时我便意识到"原来我喜欢喜剧！"。顺带一提，我喜欢的电影，像是《十一罗汉》（*Ocean's 11*，1960）、《得克萨斯五人组》（*A Big Hand for the Little Lady*，1966）和黑泽明导演的《七武士》，都把人数加入片名里，以团队为主角，描绘一群人聚到一起挑战或者战斗的故事。刚刚提到的《大逃亡》虽然没把数字加进标题，但我很喜欢它单一场景的设定。喜剧、密室、群像成了之后我作品里的三个重要元素。

而同时具备这三个要素的正是《12 个温柔的日本人》——剧团成立以来的第一部独幕剧。

◎ 该剧于 1990 年 7 月在阳光中心剧场（Theatre Sun-mall）首演，1991 年 3 月于新宿尖端剧场再度上演，同年被改编成电影。

简单介绍一下原型《十二怒汉》的情节：为了得出被指控杀害亲生父亲的黑人少年的判决，陪审员们在一个房间里不停地讨论——主要情节就是如此。我二十多岁时观看的电影版主角是亨利·方达（Henry Fonda），其他 11 个人都认为少年有罪，只有他主张无罪。随着讨论的进行，认为少年无罪的人数一点点增加，直到所有人都被说服得出无罪的结论。西德尼·吕美特[12] 导演的调度和黑白画面让影片的氛围愈加肃穆。

作为对本作的致敬，《12 个温柔的日本人》假定日本也采用陪审员制度，故事的设定如出一辙，被选为某杀人事件陪审员的 12 个人聚在一起讨论案情。与原作不同的是，第一次投票时所有人都认为被告无罪（大家都是好人啊！），但其中有一个男人（意见和其他陪审员相左，一直坚持到最后的也正是这个男人）因为"想再讨论讨论"，所以改投了有罪。大家别别扭扭地讨论着，一会儿认为无罪的人占了上风，一会儿主张有罪的人又成了多数，场面混乱不堪，和美国的原版大相径庭。

在大家讨论的过程中，事件的经过、嫌疑人和被害人之间的关系渐渐清晰。同时，每位陪审员的个性也都十分突出，三谷先生的作品一贯重视人物的刻画。电影版虽然不是由三谷先生执导的，但也足以令人体会三谷剧本的魅力。

——我虽然没看过舞台剧版，但电影版的《12 个温柔的日本人》真的很有趣。一开始所有人都主张无罪，但相岛一之扮演的有些较真的男子突然改投了有罪。于是大家先是一个个改投有罪，又纷纷反悔改回无罪，反反复复，根本猜不到结局。不过，如果不先看《十二怒汉》就直接看《12个温柔的日本人》的话，还会觉得有趣吗？

三谷：请允许我讲句大话，就算世界上没有《十二怒汉》这样一部电影，我大概也会写出《12个温柔的日本人》（笑）。啊，还是说得太过了。

创作这部作品的契机，其实是剧团舞台导演的退出。曾经有舞台导演对我组织剧团演出的方式大发雷霆，还记得那人当时说："你就不应该再在戏剧这行待着了，既然要干就请你把心思放在上面吧！"我以前的确是太随意了，想着"做到哪儿算哪儿"，创作时总是容易妥协，常常觉得"算了，就这样吧"，没有自己的坚持，不会有多少真正热爱戏剧的人愿意跟着这样的团长。剧本出来得迟，排练就花个三天刷刷刷地搞完，有些团员不认可这样的态度，舞台导演更是马上就请辞不干了。

但是，一旦少了这个在暗转[13]时改变布景的工作人员，就无法起用大型的舞台装置。表演空间也逐渐越缩越窄。既然这样，不如从一开始就不去想什么布景啦暗转啦换场啦，就让演员从头到尾都待在舞台上。循着这个思路，脑子里蹦出了"以自己的方式改编《十二怒汉》"的想法，这又是一个随随便便的决定。

而且，那时候剧团里的演员们都有了明显的进步，能力上大概可以胜任这样一部剧了。

问题在于，这部剧的风格和之前带有奇幻色彩、偏向音乐剧的剧团定位截然不同，我很担心观众能不能接受。何况剧本里其实没埋多少笑料。

　　本剧就这样在不安之中开演，观众却纷纷"笑纳"。这回我也站上舞台演出，所以能感觉到观众席里的动静。一直沉默不语的 11 号陪审员开始反击时，明显能感觉到观众们合力在为他鼓劲，鸡皮疙瘩都起来了。首演结束的那一刻，我和所有团员都确信"这部剧成功了"，这样的体验也是头一遭。

　　观众们笑得很厉害，不过，那时候的观众应该多半都不知道《十二怒汉》这个原型，录像带的数量本来就少，而且还是部年代久远的黑白片。

　　其实我更希望观众在看《12 个温柔的日本人》之前，能先把《十二怒汉》看了。在各名陪审员"有罪"或"无罪"的主张被推翻的基础之上，感受到"主张再次被推翻"的那种二度反转的快感。

——反过来，如果先看了您的《12 个温柔的日本人》，后来才看了原型《十二怒汉》的话，说不定能理解为什么十岁的三谷先生在看《十二怒汉》时会大笑一场。没准他们也会有和当时的你一样的困惑：为什么这些黑白电影里的人要为与己无关的事情吵得不可开交呢？

三谷：的确有可能。

——剧本的水平也十分了得。随着辩论的进行，观众从一个个陪审员的发言中渐渐掌握了案件的全貌，这点就很厉害。

三谷：其实有点硬往这个方向上靠的意思。因为一开始观众不了解案件的情况嘛，所以这么写反倒容易一些，也不用考虑太多，只要设计一个容易解决的案件就好了。

《12 个温柔的日本人》里，我自己觉得很满意的是刚才提到的观众反响热烈的一段：因为全从自己的感觉出发而在讨论中处于劣势，战战兢兢连话都说不好的大叔大妈被众人逼问"到底为什么会这么想"的时候，突然出现了一位自称隐藏了律师身份的"帮手"，让他们不再孤立无援，这样形势一下逆转了。从这里开始，那些原本反对大叔大妈的陪审员们一个个被说服，这个故事也有了"跌宕起伏"的意思。

这种趣味，在我看来和《三国志》类似。

本以为是敌方的人忽然和自己站在了同一阵线；原本处于下风的家伙忽然有了援军，最后令人振奋地掀翻强敌；已经穷途末路的主人公意外得到贵人相助，重新崛起……我喜欢这样的故事，想用自己的方式演绎出来。大概谁都没有注意到，《12个温柔的日本人》中的趣味和《三国志》是同一回事。

既有骑墙的家伙，又有一个一个去为自己争取同伴的人，这些都是《三国志》的重现。正因为这些地方处理得好，所以整部剧才变得有意思。

虽然写了很多年剧本，但实际上在我看来算得上出彩的本子只有《12个温柔的日本人》和另外一部，即 2007 年首演的《知己的羁绊》。这么长时间以来，在故事的层面上让我产生"干得漂亮，这是个好剧本"这种想法的只有这两次。我时常在想，对一个编剧来说这到底意味着什么。

——"干得漂亮！"这样的感觉只有过两次吗？

三谷：写着写着倒是会有那种"来了来了感觉来了！"的时候。"干得漂亮"的感觉真的只有两次，这种情况真的很少见。也可能是我不擅长吧。

——这也相应地体现了《12个温柔的日本人》的完成度之高啊。

三谷：写这个剧本的时候，我做了 12 个小纸人，想象有一张陪审员交谈时用的桌子，把纸人排列到桌边，挨个设想"这个人在这个时候会想些什么呢？""现在是谁在和谁说话，谁又是内心最为动摇的一个呢？"，然后一一写下来。

我还为每个人画了心理图表，用来标记每个人从故事开始后的哪个时间段里倾向于有罪判定，哪个时间段里又倾向于认为被告无罪。我是学理科的，所以习惯用图表来表现人物发言背后的含义。

——像"现在，某某人认为被告无罪的心情占 30%"这样吗？和商业公司里销售部的工作很像嘛。

三谷：没错，就像业绩说明一样。

——但是，和反映市场的数字不同，因为反映的是人心理状态的变化，所以应该会出现"这个人认为被告无罪的心情从 50% 下降到 20%，但这个变化在观众看来没什么说服力"的问题吧？

三谷：我会一边看着图表一边想，从 50% 下降到 20% 的过程中，发生了一件什么事，又对这个人的心理施加了怎样的影响。真的很有意思。

——不会有"这个人从一开始一直坚持认为有罪，最后却转变为认为 100% 的无罪，怎么看都不合理"这样的障碍吗？

三谷：《12 个温柔的日本人》没有这种障碍，因为我始终清楚地知道所有人的想法应该在什么时候都达到 100% 无罪。

——这部剧上演之后，剧团就开始获得人气啦？

三谷：没错，《演出不能停》（1991）也积攒了不少人气。东京 Sunshine Boys 借着《12 个温柔的日本人》开始崭露头角，剧评也是随处可见，之后马上就被改编成电影。原本我是希望剧团的演员们能直接出演电影版的，但最后只有相岛一之和梶原善演了电影版，西村可是相当不甘心啊，嚷嚷着"为什么我就不行！"，他的心情我可以理解。

所以，趁着相岛和梶原因为拍电影而不在剧团的空当，我让西村第一次以主角的身份在《演出不能停》里登台。观众们都很喜欢这部剧，演出结束后全都起立鼓掌，掌声久久没有停下。排练室里有些演员都开始洗澡了，掌声还是没停下，大家只好又出去谢幕。西村从这时起也开始得到关注。的确，他演技好、形象佳，被注意到是早晚的事。不过最近的几部作品好像都没能展现他的魅力，我觉得有点遗憾。

04

古畑任三郎系列

（1994—2006）

★ 致敬《神探科伦坡》

★ 西村雅彦 VS 今泉慎太郎

★ "我把犯人当成真正的人来写，所以才能一直写下去"

——以编剧身份出道、首登黄金档、剧团成名作都聊过了，接下来终于轮到《古畑任三郎》了，一开始定的名字是《警部补¹⁴·古畑任三郎》。先请您谈谈这部作品诞生的经过吧。

三谷：是在为《回首又见他》举办庆功宴的时候吧。那是我第一次参加电视剧的庆功宴，那时还是泡沫经济期，会场布置得很豪华，吃的也都是山珍海味。还有那种所有人一起猜拳，最后剩下的赢家拿走所有奖金的游戏——虽然我个人不太喜欢这些。宾果游戏的奖品是海外旅行的机票，这在当时再正常不过了。

但是，我拿出来的奖品却是全套的《怪医黑杰克》，而且还是为了写剧本而学习医疗知识时买的二手书。因为当时我也不知道拿什么当奖品好，就把这个带过去了，会场上的空气瞬间就凝固了……当时还没什么人认识我，平常忙于写剧本，也很少去拍摄现场，所以演员们和工作人员都冷冷地盯着我看，好像在说"这个把漫画拿来当奖品的家伙到底是谁……"。

——听起来相当不妙啊。

三谷：不过，也是在那次庆功宴上，因为和制片人一拍即合，才有了《古畑任三郎》。

——是因为单集电视剧而相熟的制片人石原隆吧，看来之后还会经常听到他的名字。

◎石原隆先生供职于富士电视台编成部[15]，现在是编成制作局电视剧方向的制作局长，也经常担任三谷先生执笔的电视剧和电影的制片人。（除了三谷电视剧之外，他还是《跳跃大搜查线》[富士电视台]幕后的关键人物。）网络上有传言，三谷幸喜首次担任导演的电影《广播时间》中，布施明饰演的广播局编成部部长就是以石原隆为原型的（真相将在《广播时间》一章中揭晓）。

三谷：石原先生和我都喜欢看《神探科伦坡》（*Columbo*，1968—2003），那天我们两个聊得不亦乐乎。那次他问我："日本也能有像《科伦坡》那样的电视剧吗？"虽说也有一些模仿《科伦坡》风格的作品，起用坂上二郎和左豚平这样和（该剧主演）彼得·福尔克（Peter Falk）有几分神似的演员。不过，说是致敬《神探科伦坡》，但我们并不想沿袭形式，而是想重现科伦坡的精神，于是就有了《古畑任三郎》。

◎《古畑任三郎》系列一共三季，分别于 1994 年 4 月、1996 年 1 月、1999 年 4 月播出，其间还制作了 6 集特别篇（包括 1999 年的新年特别篇《古畑任三郎 VS SMAP》），最后以 2006 年 1 月 3 日至 5 日连续三天播出的《古畑任三郎 FINAL》作结，盛大落幕。剧集数量总计达到 42 集。

不止是《神探科伦坡》，美国的电视剧通常都是由几位编剧共同执笔的，甚至某些单集也可能由数人合作完成。日本刑侦剧里独立的各个单集通常也由不同编剧完成。即便是由一位编剧主导的电视连续剧，其中的某些单集也可能交给别的编剧。但是，三谷先生却一个人完成了《古畑任三郎》。

被三谷先生评为自己唯一一部人气作品的《古畑任三郎》，第一季的平均收视率为 14.2%。第二季为 25.9%，第三季为 25.1%。特别篇的平均收视率为 26.2%，《FINAL》一集的收视率为 26.0%！

观众们可太喜欢《古畑任三郎》了。

三谷：为什么会写这部剧呢……我就直说了吧，因为那时还没办法重看《神探科伦坡》嘛。那时还没有录像带，不像现在似的能轻易观看海外的电视剧。我自己总想着"还想再看一次科伦坡啊"。小学的时候，我会拿录像带录下每一集《神探科伦坡》。虽然那时我们家有录像机，但当时一卷录像带的价格高达几千日元，家里也只有一卷。所以我都拿来录科伦坡每集最后和犯人对决的场面，只录下那短短五分钟的画面，全集就只能用录音来回味了。

——每周六晚上8点钟，我都要为看漂流者乐队的《8点啦！全体集合》还是《神探科伦坡》犹豫好久。

三谷：我迷《神探科伦坡》真是迷得不行，就在快要动笔写《古畑任三郎》之前，我还能清楚地记得《科伦坡》每一集的情节。当时《科伦坡》刚出了新一季，偶尔会在日本电视台的《周三 Road Show》上播放。我看了一下，发现科伦坡完全变样了，甚至还会掏出手枪和犯人枪战什么的，简直是乱来嘛。

——我也看了，挺失望的。场面是比以前豪华了，但完全不是《科伦坡》了嘛。

三谷：每集都让人失望，最后终于被迫产生了"这样不行啊，只能自己创作了"的念头（笑）。

　　话说回来，以前的《科伦坡》虽然好看，但多少也有让人犯困的时候。当时的播映时长有1小时30分钟和1小时15分钟两种，因为在 NHK 上播放，所以没有广告，但美国的电视台会在剧中插入广告，所以总时长应该分别是2小时和1小时30分钟。虽然科伦坡和犯人的直接对峙扣人心弦也不乏趣味，但调查取证的部分有时会显得拖沓。

——我懂的。科伦坡在调查取证后和犯人直接对峙的时候，常常会说"刚才和一个大妈聊了聊，她说你这样那样了哦"一类的话，在 1 小时 15 分钟的版本里，向大妈问话的场景就被剪掉了。

三谷：也就是说剪掉也不会有什么影响嘛。在调查取证这件事上我还有一点想说，科伦坡问话时总是显得很弱，容易被对方看不起。如果说这个人设是为了在和犯人接触时让对方放松警惕，倒还说得过去。但即便在那些没有嫌疑的人面前，他也是这么一副样子，这太不自然了。在犯人以外的人面前真的有必要如此伪装吗？就不会真让人以为"这个人是真的没什么本事"吗？（笑）

——科伦坡原本可是个敏锐的警探啊，所以他在扯到"我太太她呀……"[16] 一类的闲话时才会显得很不寻常（笑）。

三谷：所以，如果把这些不必要的元素都拿掉，只保留科伦坡有趣的部分，能不能放进日本一集 45 分钟的电视剧里呢？我试着写了一集，这也就是《古畑任三郎》的开端。

——那个时候已经想好请田村正和来演古畑任三郎了吗？

三谷：老实说，一开始我心里的人选是玉置浩二。就是那种更像恶魔一样，穿一身黑、面无表情地解说案件的形象。

但就在这个形象不断充实的过程中，我突然发现田村正和完美契合了我的设想。

幸运的是，田村先生读了我的剧本。不过他一开始觉得和以往的刑侦剧没什么两样，就婉拒了。但是我无论如何都想让田村先生来演，所以就以他为原型，写了一个既时髦又有品位的侦探，和科伦坡完全反着来。我还专门做了解释："古畑和有史以来的警探都不一样，既不带手枪，也没有动作戏，全部靠逻辑解决案件。"读完剧本的田村先生这才说："要是这样我就想演了。"

于是就有了现在大家看到的《古畑任三郎》，喜欢甜食、骑着自行车到达现场……这些设定让古畑的形象变得越来越充实。既是刑侦剧，又是喜剧，我十分认可田村先生作为喜剧演员的才华。因为我是带着"让田村先生来演的话，一定会很有趣"这样的想法开始创作的，也就是说，这是一开始就设定好了演员的"对号入座式写作"。在那之前，我虽然没有见过田村先生，但总是会有"如果我这样写的话，田村先生就会这么演吧"的想法，在我自己的想象里和田村先生练起了投接球。

古手川祐子演犯人的那一集（第一季第三集，本章集数均为编者所加），我在剧本里写道"古畑头上套着丝袜吸烟"。

这个想法来自《神探科伦坡》里的一个情节：犯人看上去是套着丝袜潜入犯罪现场的，但现场又发现了吸过的烟头。剧里有这么一句台词："套着丝袜不就没法吸烟了吗？"但我看了之后却觉得"怎么就不能吸了呢？"，一直念念不忘，于是就把田村先生套着丝袜吸烟的情节写进剧本里了。

虽然制片人说"田村先生不可能同意这么演的吧！"，但田村先生却很干脆地照着剧本演了。他把丝袜套到头上，还不断做着鬼脸，即兴地扯着丝袜让整张脸变形。

——是《微笑的尸体》那一集吧。古畑头上套着丝袜的镜头有若干个，我就一边想象"田村先生是不是在这几个镜头拍摄的间隙也一直套着丝袜呢？"，一边觉得这画面真是好滑稽。

三谷：看着拍出来的画面，我就知道"原来即便写到这个程度，田村先生也会照着演啊"，接着构思其他的喜剧场景，写下来，继续在危险的边缘练着想象中的投接球。

◎ 我自己很喜欢笑福亭鹤瓶担任演出嘉宾的《杀人传真》（第一季第四集）。简单地说，犯人自导自演，把要求缴纳赎金的传真发到自己家，然后，他指定在场的古畑的部下——穿着黑色外套的警探今泉慎太郎担任对接人。因为（他自己设定的）自动从犯人那里传来的写真上有"穿黑色外套的男人"的描述。不过，今泉那天刚好从朋友的婚礼上回来，身上还带着婚礼上穿的白色燕尾服，古畑于是心生一计……最后混杂着笑料的解谜时间真是让人觉得非常"古畑"。

　　我们接着聊了聊构思谜题的方法。

三谷：刚好最近出了蓝光版影碟，我就把《科伦坡》又看了一遍。其实，在写《古畑任三郎》的时候，因为不想被说成"《科伦坡》的山寨版"，所以就故意不看《科伦坡》，以免写出相似的东西。不过，因为《科伦坡》的不少情节已经印在我的脑子里了，所以台词自然而然地就是那个调调。不过因为我爱《科伦坡》爱得要死，所以绝没想过要拍一个山寨版的《科伦坡》，当然现在也没有。

——丝袜那一集也是这样的吧。虽然案件的设定很相似，但也突出了像"头上套着丝袜不也能吸烟吗？"这样带着您思考的解释。

三谷：而且，我还觉得写出来的东西一定要让《科伦坡》的粉丝也乐意买账。这是对《科伦坡》的致敬。如果观众观看的时候能常常有"啊，这里致敬得很妙啊！"的感叹，那我会很高兴。

——这么看来，《古畑任三郎》还透着您对《科伦坡》的狂热啊。全系列的第一集，也就是中森明菜担任演出嘉宾的那一集，少女漫画家把一个男人囚禁在仓库一样的房间里，当女漫画家和古畑一起把门打开时，男人已经死了。女漫画家声称男人是在自己还不在场时进入房间，然后被困在里面窒息而死的。但古畑却从男人留下的死亡信息中推理出这应该是一起谋杀案件。

　　这和《神探科伦坡》里，年老的女作家把男人关在存放打印好的作品原稿的房间里，令其窒息而死的那一集很是相似。

三谷：《科伦坡》那一集的死亡信息十分细致，我却总觉得哪里不对。伤口一样的箭头指示发现者往上看，拆下从天花板垂下来的电灯灯泡，从里面掉出一张纸片，上面打印有女作家的小说标题"我被杀了"，下一行是作者信息——阿比盖尔·米切尔 著——正是那位女作家。虽然这个死亡信息本身十分精彩，但指向灯泡的箭头却刻在几个堆起来塞得满满的抽屉上，不知道是有意还是偶然，抽屉叠放的顺序乱糟糟的，箭头都看不清楚了。我暗自想，既然这么麻烦，一开始就把名字写在墙壁上不就好了。我一直觉得这里的设计不太自然，于是就把自己的解答写到了《古畑任三郎》的第一集里。被中森小姐困在房间里杀害的男人手上虽然握着稿纸，但上面却什么都没写。正是什么都没写这一点成了他留下的死亡信息。

——所以，您也希望观众能既看《古畑任三郎》，也看《科伦坡》吧？

三谷：这是当然！不过出乎我意料的是，现在有了DVD这样的新东西，轻易地就能看到《科伦坡》了。所以年轻一代往往是先看了《古畑任三郎》，再去看《神探科伦坡》。真是抱歉，我希望大家先看《十二怒汉》再看《12个温柔的日本人》，先看《神探科伦坡》再看《古畑任三郎》。如果有人先看了古畑再看科伦坡，然后说什么"科伦坡好无聊啊"，那我可就愁坏了。当然了，我也不希望反过来被说什么"古畑不就是个山寨版嘛"。

——剧本全部是由您一个人完成的？

三谷：这点我是比较得意的（笑）。《神探科伦坡》是几位编剧共同执笔的，《相棒》（朝日电视台）也有庞大的编剧阵容。不过，即便是我来写，也只能写上几集《相棒》，全写完是不可能的。因为那是悬疑剧，谜题、诡计、解谜手法一个都不能少。《古畑任三郎》虽然也有悬疑的要素，但没那么重要，基本上还是一部重在展现人性的电视剧，一部喜剧。虽然有些地方和《科伦坡》相似，但我也有意让它区别于《科伦坡》。田村先生的角色是出于这样的考虑，古畑的部下今泉的形象如此突出也是出于同样的考虑。大致的框架是用悬疑元素搭起来的，不过我也很在意喜剧的元素，在意犯人和古畑在剧中的互动，在意对犯人心情的描写。比方说，如果是绪形拳先生来演犯人，那么只要绪形先生和田村先生在剧中的互动是有趣的，这一集《古畑任三郎》就是有趣的。

——虽然不能一概而论，不过现在流行的《某某搜查官》一类的特别节目里，杀人犯的确就只有杀人犯这一个身份标签。

三谷：没错。从犯人的角度描写有一个好处，就是能描绘出一个真正的人。所以才能一直那么写下去。

　　说白了，制作一集《古畑任三郎》的第一步其实是确定嘉宾人选——谁谁谁要来演这一集了。比如说，如果决定了"福山雅治会来演犯人"，那么我就会思考"福山先生的职业是什么呢？"（第三季第八集）。现在看来，我的设想比《神探伽利略》（2007，富士电视台）还要早上一步——"不如就设定成头脑极其聪明的科学家吧"。我试着在福山先生身上发现一些矛盾点，又把"天才科学家"的人设套在他身上，开始思考他会犯下什么罪行、计划杀害谁、使用什么手法、留下什么破绽。因为是这样创作的，所以不把演员定下来就无法动笔。

——和您大多数的作品一样，都属于"对号入座式写作"吧。

三谷：绪形拳先生演犯人的那一集（特别篇《黑岩博士的恐怖》），其实一开始确定的人选另有其人，是一位喜剧演员。我想"如果是那个人的话，会怎么杀人呢？"，然后写了一个连环杀人案的死者肛门里都被塞了张纸条的故事，有点胡来（笑）。然后就被那个人拒绝了，说是"台词太多了，我演不来"。

　　被拒绝后，我只好接着考虑"谁能接下这个剧本呢？"，脑子里忽然就冒出了绪形拳先生的脸（笑）。虽然很担心"绪形先生会不会演这么胡来的东西呢？"，但也没时间重写了。没想到绪形先生读完剧本马上就说"没问题"。所以，这一集还真不是对号入座式写作。

《神探科伦坡》里的《别离之酒》这一集被封为名作，但我就不承认，觉得这集完全不行。犯人明明是那么一个温和的大叔，而且还不是有预谋的杀人，竟然会为了制造不在场证明把尸体藏到红酒的储藏库，随后又脱下尸体的衣服，戴上水肺，开车来到海边抛尸，伪装成溺水的样子。我不觉得一个那样的老人会有这一系列的举动，饰演老人的唐纳德·普莱曾丝（Donald Pleasence）看上去也不像能完成这么一大堆事。

我想写的是只有那个特定的人才能完成的犯罪手法。理想的状态是犯人的职业能和他犯下的罪行完美结合。如果不是这样，那就没有意义了，我在写每一集《古畑任三郎》时都会留意这一点。

——说起来，《古畑任三郎》的案件真的大多都发生在工作的现场欸。和感情纠葛有关的案件则大多发生在犯人或被害者的房间。

三谷：每写一集《古畑任三郎》，我都需要去深入了解诸如犯人的职业这样各个领域的知识，所以会很花时间。即便如此，在以将棋为主题的那一集里（第一季第五集），我还是搞错了"封棋"的含义。

——是指当对局横跨两天的时候，棋手把接下来的一手棋写在纸上封存保管的步骤吧？

三谷：是的。问题在于写法，比如说，我在剧本里写的是棋手把写着"六4金"的纸片放进信封，实际上，那张纸片上应该画有表示棋盘的格子，棋手用箭头标记出某枚特定棋子的移动路径。我后来才知道是这么回事。之所以这么设计，是因为古代有不少棋手都不识字，这个传统也就保留至今。虽然监制人员中有人在剧本中发现了这处错误，但却什么都没有说。

——这样的细节恐怕连名侦探柯南也不知道吧？

三谷：我因为这个失误被各种人指责过。还有木之实奈奈参演的那一集（第一季第六集），犯人的职业设定是一名钢琴家，后来也被音乐行业的人投诉了，说是"职业钢琴家在杀人的时候不可能会犯那种错误"。

不过，我唯一可以肯定的是，电视剧的世界里什么都可能发生，只要不涉嫌夸大，什么样的设定都是可能的。略懂一二的人会直接指出"那里很奇怪吧"，但是，精通此道的人明白"什么都可能发生"的道理，所以反而保持沉默。

制作大河剧《新选组！》（2004）的时候也是这样，对那段历史稍有了解的人纷纷质疑"这部剧对历史的描写真奇怪啊"，但详细了解那段历史的人却连"不，这也是可能的嘛"这一层都想到了，反而不会觉得疑惑。任何领域都存在这个现象。

假设职业设定为编剧的主人公一晚上写了一集电视剧，可能有人会觉得"世上怎么可能有这种事"，我却清楚地知道"也不是完全不可能"，所以不会去质疑这个设定。

——如果得到剧本之神的眷顾的话。

三谷：非常努力地去写，就没有写不出的东西。世上没什么事是不可能的。

——《古畑任三郎》全系列的收视率都很高啊，人气一直没有下降，这一点真是厉害。

三谷：我虽然对数字没那么在意，不过前段时间我接受一个和铃木一朗 [17] 先生有关的采访时，聊到了请他出演《古畑任三郎》的事情，原来他担任演出嘉宾的那一集（新春完结篇《正大光明的杀人犯》）收视率达到了 27%。而且这也不过是《古畑任三郎》单集收视率的第七名。我这才意识到原来《古畑任三郎》的收视率这么高！前面还有六集呢！我只知道在某个时间段里，山城新伍出演的那一集（第二季第八集）是收视冠军，甚至超过了木村拓哉的那集（第二季第四集）。这就是电视剧的有趣之处吧，观众肯定也是发现了其中的趣味，才会守在电视机前观看的。真让人觉得幸福啊。

——我记得山城先生的角色是一位好色的魔术师，对吧？

三谷：嗯，山城先生很少担任电视剧的演出嘉宾。因为大家是在《古畑任三郎》这样的背景下观看的，可能没怎么注意到这一点，但没有哪部剧里能看到山城先生和田村先生这么来回地飙戏了吧。两个大叔你一言我一语，真是滑稽的画面。

——不过，这不也正好吸引了观众的注意力么？他们会知道"山城新伍要去演那部《古畑任三郎》了哦！"。

◎ 最后我问了一些和角色相关的问题。首先是田村正和之外唯一固定登场的角色。

三谷：西村雅彦在我第一部黄金时段的连续剧《回首又见他》里饰演织田裕二的医生同事。在关系网这个问题上，我虽然不喜欢把自己剧团里的成员直接选进剧组，但又觉得剧团里不能只有我一个人在往上走。要是我在电视剧这个行当里谋到了要职，就必须得带着团员们一起前进，不然就没有意义了。所以，当时接下这个剧本时我提了一个条件，就是必须让剧团成员在剧中饰演角色。人际关系嘛，当然前提是我对团员们有充分的信心。

——您以剧团里的成员为原型，也写了不少东西吧，我想这些后来是不是也用到电视剧里了呢。

三谷：嗯，所以我拜托剧组把《古畑任三郎》里古畑的部下这个角色交给西村。科伦坡没有搭档，所以西村的存在能和《科伦坡》形成对比。一开始西村的角色定位并不清晰，演着演着，西村和田村先生的组合变得有趣起来，西村的作用变大了，角色的内涵也变深了。

但是，《古畑任三郎》一共拍了三季，第二季结束的时候，今泉这个人物身上的趣味已经被挖掘得差不多了。角色内容变得太过膨胀，和我最初对今泉的设想已经不太一致，好像没有《古畑任三郎》的感觉了。我甚至想过"要不干脆让今泉殉职吧"（笑）。我问制片人："今泉这个角色是不是到头了？"制片人却说："可是，说起'古畑任三郎'，就一定会提到'今泉'啊。请想办法让这个角色继续存在下去吧。"

我重新打磨想法，也跑去问了西村本人的意见。

"你是想继续演今泉，还是跳出这个角色，在最后一集以嘉宾的身份出演犯人呢？很不错吧，你选哪个？"

　　然后西村回答说"两个都要！"（笑）。既要继续扮演今泉，最后一集的犯人又不能是别人。结果，今泉被保留下来，同时又加入了警探西园寺守（石井正则 饰）这个新角色，西园寺代替今泉，成了活跃在案件中的古畑部下。

—— 从第三季开始，今泉这个角色明显感觉被冷落了。

三谷：反过来，西园寺从第三季的开始就成了推进故事的人，几乎都是他来解说剧情。警局的上司命令说："能解决连续事件的只有古畑，但他现在不做刑警了，你去把他带回来。"西园寺还真能找到待在监狱一样的笼子里的古畑，把他说回警队。第三季的开头就是这么诡异，和《沉默的羔羊》里朱迪·福斯特（Jodie Foster）演的克拉莉斯去找汉尼拔博士的情节有点像。不过古畑没被关进监狱，他只不过是在训练警犬，所以待在警犬的笼子里。

　　西园寺在案件调查的过程中做了很多现场情况的说明。其实，进入第三季之后，古畑的解说台词就变少了，相应地，西园寺在中途推理的戏份变多了。

　　从这个角度看，第三季可以说是不走寻常路。原本的形式只保留到第二季结束，第一季保留得最完整。第一季第一集的犯人（中森明菜）、古畑和今泉就是一切的原点。第三季是对形式本身的挑战，西园寺这个角色真是帮了大忙，石井先生演得也相当不错。

—— 第二季明石家秋刀鱼[18]演犯人的那一集（该季第一集），出现在杀人案现场的今泉就被当成了嫌疑人。身为警探，就算知道警察要来，也没有逃跑的道理，他却匆忙逃走了。从那一集开始，今泉就开始变得奇怪了。第三季里，别说古畑了，就连犯人有时候都会对今泉表现出不耐烦，感觉就好像三谷先生本人已经对今泉的存在感到厌烦了呢（笑）。

三谷：我心目中今泉最高光的时刻，是木村拓哉演犯人的那一集里，被困在观览车里的今泉根据指示顺利拆除了装在车厢里的炸弹，这里是把今泉写到极致了。既像今泉的作风，又有西村的风趣。

在那之后，比如说山口智子出演犯人的那一集（特别篇《暂时的分离》），插花班的汇报演出上，化了装的西村混进舞台上跳舞的女学员队伍里，和大家一起表演插花（笑）。那段时间我想的尽是"让西村干点什么能有喜剧效果"。在让西村干点刑警干的事之前，我先想的都是怎么把西村和剧情结合起来制造出笑料。

回到刚才的话题，我是真的很想让西村在最后一集成为犯人，然后到了第三季，出场人物就会大变样了。

——今泉殉职，西村先生不再出场，最后再以跟今泉完全无关的另一个身份出演犯人。是这样吗？

三谷：那个时候西村已经足以胜任这样的表演了。如果真能拍出来，也不失为演员西村雅彦的一大光辉事迹嘛。

——作为《古畑任三郎》的毕业礼也不坏嘛。

三谷：嗯，不过既然被他本人拒绝了，也就没办法了。

—— 在特别篇里，连 SMAP 和铃木一朗都来演犯人了，这犯人阵容还真豪华啊。

三谷： 特别篇也拍过好几部，你提到的 SMAP 和铃木一朗出演犯人的这两集可太不容易了。毕竟对方希望"就让 SMAP 直接演他们自己，做成古畑 VS SMAP 的形式"，也就是让真实存在的 SMAP 在电视剧里犯下连环杀人案。不过，后来还是虚构了一个出身于儿童福利院的 SMAP 组合，虽说其他设定和真的 SMAP 几乎毫无二致。

铃木一朗先生好像是《古畑任三郎》的大粉丝，一集不落地看完了全剧，而且简直把《古畑任三郎》的 DVD 当成了背景音乐不停轮播，一遍一遍听着台词。制片人有一次偶然看到一朗先生旅美的纪录片里，一朗先生家里的电视上播的正是《古畑任三郎》，抱着会被拒绝的心态试着邀请了一下一朗先生，没想到一朗先生痛快地回复说"请一定让我参加演出"。

—— 和之前一样，犯人的设定也是一朗先生本人，对吧。

三谷： 我没法把剧本写成现实中的一朗犯下杀人案，所以建议虚构一个叫八郎的棒球选手。虽说怎么写都可以啦……后来是一朗先生自己回复说"比起八郎，还是一朗更有趣些"。

因为不知道一朗先生能演到什么程度，我在酒店客房见到他的时候，先是请他读了松本幸四郎先生出演犯人那一集（特别篇《凶手是大使阁下》）的剧本，我配合着读古畑的台词。因为倘若一朗先生完全没有演技的话，我就必须要尽量减少他的台词。

但是我发现，一朗先生在表演方面其实很有天赋。

第一次见面的时候，我很紧张，他倒是突然就开始问我："某某担任嘉宾的那一集，古畑的某一句台词不是和情节前后矛盾吗？"而且他说的还不是和解谜有关的矛盾，有点记不清了，但他大概说某集里古畑说讨厌某种食物，却在另一集里吃了起来之类的矛盾，就连我也记不住这种事啊。虽然有点尴尬，不过我也很开心他能看得这么认真。

——虽然看了成片，但还是很难想象一朗先生在拍摄现场的状态，他在现场给人什么样的感觉？

三谷：首先是演员互相见面的"围读剧本"环节。所谓"围读剧本"，就是演员们聚到会议桌一样的长桌子旁，照着剧本通读一遍，主要只是走个形式。不过一朗先生把没打开的剧本放在桌上就开始念自己的台词了，原来他把自己的台词全都记下来了，而且念的时候还带着相应的情绪，这让田村先生和西村都感到很惊讶。我那天刚好不在现场，因为大家觉得难得见到一朗先生，都很兴奋，我不想去凑这个热闹。这决定够糟的吧。刚刚说的这一幕我也是后来听说的。哎呀，我那天要是也去了就好了。

——还真像您的作风啊（笑）。不过我记得他的台词还挺多的，全都记住了啊。

三谷：一朗先生说："因为我是业余的，所以不做这番准备的话，就对大家太失礼了。"听了这话，只是照着剧本念台词的演员们脸色都变了。真是很有责任感的一个人，太帅啦。

一朗先生饰演的美职棒选手，和记者因为某篇报道里的细节发生争执，最后把记者杀害了。饰演记者的是文学座（注：日本著名剧团）的今井朋彦先生，也是位相当厉害的演员。一朗先生和今井先生两人的对手戏是本集的前半部分，和这么好的演员对戏，一朗先生的发挥也是越来越好。车里问话的那场戏演得十分有力道，效果也很棒。一朗先生勇于挑战，而且十分用心，我后来还是每每忍不住赞叹。

05

奇迹餐厅

三谷：本来我对电视剧的编剧是没什么兴趣的，没想过要成为像山田太一先生那样有名的大编剧，只是凭着一股把自己小时候看过的东西用自己的方式再制作一次的热情。因为想看《神探科伦坡》，所以就创作了《古畑任三郎》。

同样地，《奇迹餐厅》（1995）脱胎于市川森一的电视剧《寂寞的不止你一个》（1982，TBS电视台）。简单地说，这是一个"弱者聚起来一起奋斗"的故事。

◎ 在《古畑任三郎》确定制作多季的同时，三谷先生也继续创作单季的剧集。其中便有1995年4月播出的《奇迹餐厅》（富士电视台）。在谈论这部剧的时

（1995）

候，三谷先生有些出人意料地提起了不是那么久远的一部连续剧——市川森一编剧，西田敏行、木之实奈奈、万田久子、泉平子主演的 TBS 电视台周五电视剧《寂寞的不止你一个》。

从这部剧开始，三谷先生谈论了他偶有岔路却依然坚持自我的创作之路。

三谷：《寂寞的不止你一个》讲的是放高利贷的西田敏行把欠债的人聚起来成立剧团，通过演戏的门票收入偿还债务的故事。不过在我看来，西田先生的角色就是《奇迹餐厅》里的松本幸四郎，而那些欠债的人就是法式餐厅 "Belle Equipe"（好伙伴）里一筹莫展的员工们。

所以在选角的时候，我和工作人员说一定要设法邀请出演过《寂寞的不止你一个》和不少市川先生其他作品的小野武彦先生。说句有些失礼的话，那时候的小野先生还不像现在这样经常在电视剧里露面。不过我实在很喜欢市川先生作品里的小野先生。

—— 小野先生在那之后参演了很多三谷先生的作品吧。

三谷：不过在观众们看来，让小野先生大红的作品应该是《跳跃大搜查线》（富士电视台）吧。户田惠子也是，虽说主演的第一部连续剧是《别叫我首相》，但让她大红的却是《庶务二课》（1998，富士电视台）。真有点不甘心啊。

—— 不过让他们在电视上露面不正是三谷先生对富士台做出的贡献吗？

三谷：不是这样的。小野先生和户田小姐原本就活跃在舞台上，只不过电视观众不知道他们罢了。

——您应该是在上大学那会儿看了《寂寞的不止你一个》吧。您之前说过想用自己的方式对自己小时候看过的作品进行再创作，对吧？

三谷：说起来，《12个温柔的日本人》和大河剧《新选组！》也是这样的。我属于电视的一代，不止是连续剧，电影也都是在电视上看的。以前每晚9点，电视上都会播两小时电影。我上大学的时候，电视还会在深夜时段放未删节的电影，而且中间不插广告，我记得就是在那时看了比利·怀尔德（Billy Wilder）的《爱玛姑娘》（*Irma la Douce*，1963）。

——以前电视上的广告都很短，大半夜的又没有多少人看电视，所以深夜电影里最多只会插一些短得有些敷衍的广告。

三谷：而且以前广告的画面经常突然就停下不动了（笑）。

——而且节目名字叫《洋画剧场》，所以播的净是外国片。

三谷：嗯，《周日洋画剧场》，然后播国产片（邦画）的时候就用上"特别企划"的名号。

——现在东京电视台会在工作日下午的一点半放外国片，我们小时候那会儿是雷打不动地在傍晚的时候放电影吧。

三谷：我看了不知道多少，特别喜欢他们选的片子！我还记得一个叫道格·麦克卢尔（Doug McClure）的演员，没什么名气，他主演的《恐怖机场》（*Terror in the Sky*，1971）啦，《地下王国》（*At the Earth's Core*，1976）啦，虽然看起来廉价，但还挺有趣的。

——这么没名气的话，我可真不认识（笑）。

◎《奇迹餐厅》是一部至今仍让人耳熟能详的知名剧集。该剧讲述了这样的故事：因为父亲突然亡故，他所经营的一家法式餐厅的未来落到了接手的少东家和一群吊儿郎当的厨师身上。就在这时，曾留法修习、如今在食堂工作的一位经验丰富的优秀侍者来到了他们身边。自此，这位侍者开始和这群年轻人一起着手让餐厅重振雄风，这也正是三谷先生喜欢的"每个人都在集体中找到自我"的故事。

——我们从无名的外国电影再聊回您的电视剧吧。

三谷：从制作的角度看，《奇迹餐厅》是一部各方面都顺利得近乎奇迹的作品。选角也很好，主要导演是现在忙着拍电影的铃木雅之，他拍东西时特别讲究对称构图，这种不现实的感觉非常适合这部电视剧。服部隆之先生的音乐也很棒，各方面配合得相当完美。

——演员都是按照您的想法来理解剧本的吗？

三谷：演员们应该都能理解我的想法。一开始电视台计划邀请的演员是山口智子、铃木京香和筒井道隆。我拜托他们"请幸四郎先生来演服务生吧"。又请了西村雅彦、梶原善和伊藤俊人等剧团成员来演配角，他们演得十分投入，主角们也用电视剧表演中鲜有的方式和舞台剧演员们一起表演，似乎也从中得到了关于表演的启发。山口小姐和铃木小姐都是电视剧的明星女主角，大家一起创作出这部有小作坊感觉的剧集，都觉得十分新鲜、乐在其中，成品的效果也非常不错。森本治行先生的旁白也很好啊。

——那岂不是诸事顺利、完美至极。写剧本的时候好像也不怎么辛苦？

三谷：还是掉过链子的。比如有一次我的稿子交迟了，当时正在公演期间的松本幸四郎先生就无论如何都抽不出时间来拍那一集。

——连续剧里一旦出现这种情况会很难处理吧？毕竟是"连续"剧嘛。

三谷：我其实还一直挺喜欢"临时出状况"这种事的。说回《古畑任三郎》，那时也有过类似的情况。铃木保奈美担任演出嘉宾的那一集（第二季第十集），还曾把尚未定稿的剧本错交到田村先生手上。

——是在纽约取的景吧，对《古畑任三郎》来说还真少见。故事主要发生在一辆长途巴士上，田村先生和铃木小姐的对话非常多，在古畑系列里也是相当特别的作品。

三谷：田村先生已经开始背那份待修改的稿子了，我跟他说："有不少矛盾的地方，不改不行，请先别背了。"但是已经迟了，田村先生把稿子都记熟了。没办法，只好保持田村先生的台词不变，去改其他人的台词了。

——哇，跟拼图似的。

三谷：其实我可喜欢这种状况了。半路杀出一道无解难题，别的编剧的反应可能是"办不到!"，我的反应却是"好吧，让我们看看能做点什么"。接受所有条件，在这些条件下做出好东西，这就是我的坚持。

——不过一旦有什么突发情况，剧组就擅自做主，或者后期剪辑的时候把相关镜头剪掉。对这种事您大概很不乐意吧?

三谷：所以从一开始就要让我知道，这样我就会自己构思最合适的镜头。我不喜欢自己的想法被随意改动。保留田村先生的台词，只改动铃木小姐台词的那一次，我也挺喜欢想出这种招数而且顺利补锅的自己。虽然和最初的设想完全不是一回事，但又觉得其实很接近了。真的像玩拼图一样，太有意思了。

——看来，您不是那种把全副心神都投入剧本，然后宣布"我要写的只有这些，不改了!"的类型，是吧?

三谷：没错。我喜欢各种危机，大概是因为玩心还比较大吧。之前聊过的《回首又见他》也是，拍完后又拍了个特别篇。因为想突出织田裕二和鹿贺丈史两个人的形象，所以剧组让我尽量让他们两个不同时出场。虽然我也理解这种做法，但对编剧来说，这无关作品的质量，所以一般的反应都是"不好意思我办不到"。但是接到这种需求，我却有点兴奋。后来我就让鹿贺先生困在织田先生工作的那间医院的电梯里。整部剧里鹿贺先生都被关在电梯里，所以和织田先生没有任何交集。我就喜欢花时间做这样的构思。

回到《奇迹餐厅》，松本幸四郎先生因为要参加公演，所以无论如何拍不了其中的一集。于是我就陷入了思考："没有幸四郎先生的这集该演些什么好呢？"后来具体是怎么写的我不太记得了，但大概是一个正因为千石（幸四郎）不在反而让他的存在感变得更强的故事，还挺顺利的。

在写《奇迹餐厅》的时候，我给自己设的限是"这部剧的角色一步都不能离开这间法式餐厅"，写《宇宙浪漫夜》（1998）的时候则是尽量地减少角色的数量。

—— 不过这些是自己给自己的限制，和工作失误或者别人出的状况还是不太一样吧？

三谷：哪种都差不多，我很喜欢听到一些离谱的要求。一点障碍都没有可不行。"某某主演喉咙痛，说不了话，下一集里请不要让他说台词了"，听到这种要求，我会带着愉快的心情往下写。

—— 一旦遇到障碍，一般的编剧会把故事收紧，您倒反过来把故事拓宽了。

三谷：我很钦佩伊丹十三[19]先生。有一次在他的组里写剧本的时候，他说过："虽然一眼看上去风筝是因为有线才飞不远的，但如果没有那根线，风筝根本飞不起来。"这既是电影理论，也是人生的道理啊！

——拍摄也进行得很顺利吧。收视率如何？

三谷： 当年的3月份刚发生了奥姆真理教事件[20]，这部剧是在4月档播放的。当时同时段的富士台在播奥姆真理教相关的新闻，所以收视率要和奥姆真理教的新闻竞争。有一次好像是函馆还是哪里发生了劫机事件[21]，电视台要做特别报道，还临时停播了《奇迹餐厅》。当时的社会着实不太平静，所以收视率也有些不尽如人意。不过，我对这部剧的完成度真的很满意。

我没有写得很辛苦的感觉，以最完美的形式把想做的东西做了出来。既没有为剧本感到苦恼，也没有和导演发生矛盾，作品的完成度也很高，我还记得在庆功宴上和制片人石原先生说过"即便不那么辛苦也能顺利拍出电视剧嘛"（笑）。《回首又见他》虽说是我写的剧本，但因为是直到开拍前才接到委托，所以总觉得不是自己的东西。《古畑任三郎》是每集讲一个故事，所以不算连续剧。从《奇迹餐厅》开始，我才第一次从头开始写要思考"接下来会怎么样呢？"的连续剧，而且当时还自以为是地觉得"电视剧真是既简单又让人快活"。

其实这也就是我连续剧编剧生涯的巅峰了，随后的《龙马笑传》（1996，日本电视台），还有《别叫我首相》《宇宙浪漫夜》《不平凡的勇气》，是一部比一部辛苦。现在回头再看，觉得那么快活的也就只有写《奇迹餐厅》的这一次（笑）。

◎谈话里提及的《龙马笑传》是一直为富士台创作连续剧剧本的三谷先生第一次为其他电视台创作的作品。三谷先生好像不怎么愿意谈论这部作品，所以我们只是简单地聊了几句。

三谷：那是一部表现那个时代（坂本）龙马和他的伙伴们的群像剧。大结局之前的某一集里，龙马和一个历史上确有其人的发明家大野弁吉[22]相遇了。

弁吉说："我生得太早了，虽然能构想出很多发明，但这世上却还没有能把它们造出来的技术。"他说自己如果晚一些出生，一定能成为伟大的发明家。

反町隆史饰演杀人如麻的冈田以藏[23]，他是一位高明的剑客，反过来认为自己"生得太晚了"，他说如果自己生在战国时代，说不定就可以以武将的身份扬名天下。

这时 DOWNTOWN 的滨田雅功饰演的龙马问："那么，我在哪一边？是生得太早还是生得太晚？"弁吉答道："你不生得正是时候嘛！"

我自己写的时候觉得"这一幕写得多棒啊"，这一幕也是对我个人很喜欢的早坂晓先生写的 NHK 剧集《天下御免》的致敬。《天下御免》里生得太早的是平贺源内，生得太晚的则是名叫小野右京之介的剑豪。

我又加了一个"生得正是时候"的人。我很喜欢这场戏，看了拍出来的片段——因为真的不想回想起来，所以我已经差不多忘了——柳生博饰演的弁吉把最后的台词说错了，变成了非常奇怪的日语。原本的台词过了这么久我也有些记不清了，应该是"你不生得正是时候嘛！"，但念出来却变成了"你不是正好嘛！"，台词的气势一下子弱了下去，单从语言上说也有点奇怪。

我对工作人员投诉："这句台词是怎么回事，听上去不像正常的日语啊！"对方却说："没怎么留意"……我意识到"这些人制作电视剧的深度，和我思考的深入程度根本没法相提并论"。虽然不想对工作人员恶语相向，但拍摄现场谁都没指出"でにをは"（注：皆为日语中常用的助词）这样基本的错误，也没重拍，一条就过了，这就让我很犯难了。

—— 对于用文字工作的编剧来说，这可真是难办啊。

三谷： 这部剧是在《古畑任三郎》红了之后拍的，日本电视台把我当大作家一样请过去，这点就让我很不舒服。而且还请了小室哲哉负责音乐，请了 DOWNTOWN 的滨田雅功演主角，题材还是坂本龙马。"就算悄无声息地拍也肯定能大红吧！"——我当时这么想，不过第一集的收视率就很糟糕……

—— 观众们有时只需读读报纸的电视节目预告栏，就能嗅到"这部新剧为了能火，组了这么一套豪华的阵容，实际上肯定很无聊"的气息了。

三谷： 真是这样。这部剧本身也是这种感觉，观众们的直觉可真厉害啊。

—— 虚浮的东西一眼就看穿了。

三谷： 观众们有时可真是太明白了，不可思议（笑）。

—— 炒冷饭的电影一定会被识破，做得像《大白鲨》（*Jaws*，1975）火得一塌糊涂时候的《鲨鱼与人》（*Sharks and Men*，1976）和《大灰熊》（*Grizzly*，1976）那样露骨反倒好了，但这部剧却是直白地把三谷幸喜、小室哲哉和坂本龙马的名字并列到一起。

三谷： 听上去就不怎么对劲。《大灰熊》虽然是一堆没什么才能的人凑到一起拍的电影，但绝对没有不对劲的感觉（笑）。观众们都是极度敏感的人。不过我也借这次失利彻底想清楚了一件事，那就是接下来我决定只跟自己信赖的人一起创作了。

◎ 随后，三谷先生又在富士电视台制作了若干部单季的电视剧。

06

别叫我首相

★ 挑战情景喜剧

★ 与现场的工作人员达成一致

★ "编剧如果太过坚持自己的意志，写出来的东西就会别别扭扭的"

（1997）

三谷：田村正和先生主演的《别叫我首相》就费大事儿了。

前面也提到过，我很喜欢"一群人一直在同一个地方活动"的设定，《回首又见他》和《奇迹餐厅》的人物一直待在医院和餐厅里，几乎没有去过外面。拍《奇迹餐厅》时，演员和工作人员配合默契，我也写出了满意的剧本，现在想来还是觉得顺利得不可思议，几乎是个奇迹。

在这之后的剧集都不是《奇迹餐厅》这样用精妙的幻想抚慰人心的喜剧，因为我想多写一些"不煽情的喜剧"。然后，我就下决心把故事背景设定在首相官邸了。

　　而且，在这个设定下，我想写出的是像我小时候看过的《我爱露西》（I Love Lucy，1951—1957）和《家有仙妻》（Bewitched，1964—1972）那样的情景喜剧。情景喜剧有一条不成文的规则——出场的每一个角色都没有长进。上一周才出过事，下一周所有人就把上周的事通通抛到脑后，又因为同样的事惹出乱子。角色们非得这样没什么长进才行。虽然没法像《家有仙妻》那样把观众的笑声直接加进音轨，但还是想做成一部滑稽喜剧。

　　不过这只是我单方面的设想，电视台期待我再写一个《奇迹餐厅》那样温暖人心的故事。虽然我拜托他们让我写一个情景喜剧那样速度感十足的剧本，但电视台并不理解我的想法。从这时起我们的意见就无法统一了。

◎ 被三谷先生评价为"费大事儿了"的《别叫我首相》于1997年4月档播映，田村正和饰演首相，他同时也是一个二代议员，简井道隆饰演官房长官，藤村俊二饰演副首相，仲本工事饰演事务方面的官房副长官，西村雅彦饰演秘书官。看着官邸内角色的演员表，当然能感受到一股喜剧的气息。不过，我一开始可完全没想到用这样的剧名加主演田村先生，是准备拍一部情景喜剧的。我以为顶多就是稍有些喜剧色彩，最终笔墨还是回归到幽默刻画首相的诸多苦恼上去。

——主演是田村正和先生，舞台设在首相官邸，而且是每集一小时的电视剧，一开始给人的印象和情景喜剧不太沾边吧？

三谷：我一直记得，执着于把这部剧拍成情景喜剧的只有我一个人。工作人员都不知道情景喜剧是什么，所以这也是没法子的事。但是，把工作人员都召集起来告诉他们"情景喜剧是这么一回事"就好了吗，我看也未必。作为一个编剧，不应该把自己想做的事百分之百地投射到作品里。如果是自己演或者担任制片人还另当别论，编剧如果太过坚持自己的意志，写出来的东西就会别别扭扭的。

现场的大伙都很努力，但哪怕现场能有一个情景喜剧的发烧友，成片的效果就会不一样。我觉得直接向演员传达情景喜剧的概念也没什么用。大家就在不明白情景喜剧是怎么一回事的情况下排练、拍摄。

——这可真不得了，以前可没有过这样的事吧。即便是剧中的演员也有人感觉自己演得不明不白的。

三谷： 田村先生大概是唯一一个靠着本能理解了我的意图的人。这个人真是厉害，总给人一种这样的感觉——"他现在在演的这部剧和之前演过的所有电视剧都不一样，是其他世界的东西"。虽说他可能也没注意到情景喜剧什么的。

比如"北欧某国赠予的作为两国友谊见证的蟹被官邸里的人蒸了吃掉"这一集，以喜剧的眼光看固然有趣，但剧中角色却是完全没有长进。如果是一般的电视剧，角色到了最后多多少少都会有点长进。田村先生饰演的首相到最后还是个一无是处的家伙，这引起了观众的反感。收视率和现在相比虽然不算糟，但从第二集开始就一直跌得很厉害。应该是第二集吧，首相啪地打小孩子的头那个镜头一播，瞬时收视率就应声下跌！我这才恍然大悟，就算是电视剧，也不能打小孩呀。笨蛋首相的支持率渐渐下降到只剩个位数，收视率也与此同步地下跌到只有个位数……

◎ 如三谷先生所言，收视率虽然一度下降到个位数，但最后一集却创下 18.9% 的收视率。也许是不少观众终于领会到剧集的有趣之处，在最后时刻回到了电视机前。如果改成 30 分钟一集，再换一个《奇奇怪怪的首相》的名字，观众的反应可能会完全不同。

　　关于本作的讨论就进行到这里。

——说句题外话，《别叫我首相》播出后，美国拍摄的电视剧《白宫风云》（*The West Wing*，1999—2006）也几乎是以总统官邸为舞台的，和《别叫我首相》很像啊。

三谷：这种事还挺常见的。我创作的舞台剧《笑之大学》和伍迪·艾伦（Woody Allen）的《子弹横飞百老汇》（*Bullets Over Broadway*，1994）的结构就很像，或者说就是两个差不多的故事。虽然《笑之大学》的舞台剧版在《子弹横飞百老汇》之后上演，但在那之前已经有过广播剧版本，所以其实是我在先哦。

——《笑之大学》是关于二战期间面对警察的审查，数次改写自己剧本的编剧的故事。《子弹横飞百老汇》里则有一个想为好莱坞写剧本的编剧屡次被要求改稿，吃尽了苦头，这个故事的世界观和您的世界观很像啊。

三谷：但还是我在先嘛。

07

宇宙浪漫夜

（1998）

★ 只有三个人的电视剧

★ 坚持让每个角色都有存在的意义

★ "收视率虽然看上去不可靠，但还真是不会骗人"

——《宇宙浪漫夜》这部作品也大量采用了您一直想尝试的设定吧？

三谷：这是我写过的电视剧中自己最喜欢的一部。

当时正好是时髦剧的全盛期，很多制作豪华的作品里经常有不少无关紧要的角色——主角的同事啦、单相思的女白领啦、聚会时常去的酒吧的男大姐店长啦……我很讨厌把这种出场之后什么也没干的角色写进剧本里，所以在这部每集一小时的连续剧里尽量把出场人物的数量减到不能再少，整部剧几乎就是西村雅彦、饭岛直子和石桥贵明三位主角的表演，其余的角色就只有梅野泰靖饰演的和食超市的店长了。

◎ 说起时髦剧或恋爱剧，最令人耳熟能详的有《不得不爱》（日本电视台）、《一直喜欢你》（TBS电视台）、《想你时你却不在》（富士电视台）这样好像用台词作为剧名的作品。还有像《对我说爱我》（TBS电视台）、《幸好没有爱过头》（朝日电视台）、《谁都不再爱》（富士电视台）这样把"爱"字加到剧名里的作品。虽然这些作品和其他一些统称时髦剧的电视剧里也没有那么多无关紧要的角色，但《宇宙浪漫夜》却几乎是一部把角色减到不能再少的舞台剧。

　　这是一个发生在西村、饭岛、石桥之间的爱情故事，在三谷幸喜出品的电视剧中尚属首次。剧本的质量得到了很高的评价，所以在1998年7月档播出结束后，还以原创剧本的形式出版发行。

三谷：因为是在纽约拍的，所以其余的出场人物就只有一些美国人了。这是我很喜欢的比利·怀尔德导演的《桃色公寓》（*The Apartment*，1960）的风格。在纽约的一间公寓里专注地拍四个角色的对话。

◎《桃色公寓》是美国导演比利·怀尔德20世纪60年代的代表作，拿下奥斯卡最佳影片、最佳导演、最佳原创剧本三项大奖。主演杰克·莱蒙（Jack Lemmon）和雪莉·麦克雷恩（Shirley MacLaine）分获奥斯卡最佳男女主角提名。上司利用男主人公的房间和女人幽会，而上司的幽会对象即女主人公正计划吞安眠药自杀，对女主人公抱有好感的男主人公整夜陪伴在侧。就是这么一个既奇特又有点悲情的暖男的故事。

《宇宙浪漫夜》是三谷先生唯一的一部恋爱剧。写的虽然是三角关系，但毫无日本独有的那种纠缠不清的感觉，舞台设定在纽约，故事在平淡的氛围中展开。一对男女在纽约偶然相遇，温柔的好男人耕介（西村雅彦 饰）眼里只有在理发店担任助手的真琴（饭岛直子 饰），大概也因为她是个好女孩吧。虽然耕介干劲满满的样子也很有趣，但遗憾的是，和派头十足的樋口（石桥贵明 饰）不同，他不擅长和女性交际。这个剧本写的是现代纽约和日本人的结合，反映的是美国老片趣味，评价颇高。

——我感觉整部剧几乎都是在室内拍的，角色数量也卡得很紧。

三谷：人这么少，而且主要是室内的场景，能拍出些什么呢？某种意义上，这也是给我这个编剧出的考题，毕竟出场角色主要只有三个人嘛。不过，这种看起来严格的限制其实反倒是最容易处理的。

舞台剧也是这样，人越少就越好写。比起两人对戏，三人共演就要难上一些，再加一个人，难度也就再加一分。在我的剧本中，每一个角色的存在都应该对全剧有贡献。所以十个人以上的群像剧写起来就很费劲，如果是从零开始创作，一集一小时的电视剧要花上一个月。但是，如果只有两个人，我觉得大概一天就能写完。

——我觉得人数越多越不好写应该是您个人的想法，一般来说大家可不是这么想的吧？

三谷：可能吧。在两个人的表演里，故事基本构造的最小单位就是一对一的对话，只要有两个人，就能写出故事来，而且经常是其中有一方说话就可以了。如果加一个人,那么 A 和 B 说话的时候,光是考虑这时要让 C 干些什么都会很花时间。

——您不会写那种"来送个外卖就走了"之类的角色,而是因为想创造更多不同面貌的人才会加入新角色,这很不容易吧。如果一般的电视剧有十个这样跑龙套的角色,那减到三个也就差不多了,最不济也可以让他们以三人一组的形式出场嘛。

三谷:就跟割台词[24]似的,我是绝对不会这么写的。为什么要有"对每个登场角色都要细致刻画"的坚持呢,其实和我在剧团的经历有关。那些演跑龙套角色的演员真的很可怜,连着让他们演一个月,我真的觉得很过意不去,所以才会坚持让每个角色都有存在的意义,为此下足功夫。

——这部剧的创作方式是怎样的呢?

三谷:《宇宙浪漫夜》其实受到了市川森一先生的影响。市川先生的《寂寞的不止你一个》是以大众戏剧《带刀走上相扑台》的名场面开场的,整个故事也以《带刀走上相扑台》为原型。其中的某一集里出现了《名月赤城山》[25],整个故事也带着国定忠治的影子。《港町纯情剧院》(1980)讲的是电影院放映技师的故事,在剧院里上映的电影和技师的故事总是联系在一起。

因为对这部剧的记忆,《宇宙浪漫夜》的每一集都会有一部好莱坞的经典爱情片上演,而且一定会加上西村看电影的镜头,把那部电影的气氛渲染到整部剧中。有点离题了,不过我就是这么喜欢市川先生,《黄金的日子》(1978)是我最喜欢的 NHK大河剧,因为这部剧,我也想着哪天要写一个大河剧的剧本。

我虽然见过市川先生，但还是希望有机会能好好深入地聊上一次天啊。

——原来是花了如此多心思、这么具有挑战精神的一部佳作啊。不过结果似乎不怎么好……

三谷： 在拍《别叫我首相》和这部《宇宙浪漫夜》时，我和剧组的工作人员都是心没往一处想。拍摄现场没有一个人花的心思比我多，我想不少工作人员都是带着"为什么不多写点角色"的疑问工作的。而关于这一点的讨论……几乎为零。

说起来，我大概就是这点不太行吧，总是觉得自己喜欢的东西大家也一定都喜欢。

我常常会有"明明是这样更好嘛"的想法，倒不是针对拍摄，而是针对表演。比如说我写过这样一场戏：这句台词明明是想对某个女性角色说的，却偏偏要说给另一个人听，然后让那个女性角色无意中听到，从而制造出喜剧效果。但是演员实际把台词说出来时，就变成了好像理所当然地要说给她听似的。那些习惯把剧本写得细致入微的编剧可能会觉得标注一句"背对着她"不就好了，但我就是认为即使不写，大家也肯定能想象那个画面，所以才不写的。如果稍微停顿会让接下来说出的台词变得有趣，的确写上"稍微停顿一会儿"就可以了，但我就是以为大家都明白停这一下的喜剧效果才故意不写的。然后，观看成片的时候，我才发现停顿的节奏完全不对。这部剧几乎就是三个人演，许多地方很像在演舞台剧，所以对话里停顿的节奏就显得尤其重要。

——收视率大概是 12%，在当时不是一个好看的数字吧？

三谷：我不禁想，收视率这东西真的不会骗人。电视上播《古畑任三郎》那会儿，坐上电车，身旁常有讨论古畑剧情的人。但我就没见过有人谈论《宇宙浪漫夜》。收视率虽然看上去不可靠，但还真是不会骗人。

——如果像《古畑任三郎》那样拿到 25% 的收视率，也就意味着四分之一的日本人都在看，好厉害啊。

三谷：所以现在《古畑任三郎》一次又一次地重播，《宇宙浪漫夜》再也没在电视上播过，我看这样也挺对的。

08

不平凡的勇气

（2000）

★ 法庭、一群人聚集起来、冒牌货大显身手……汇集了所有三谷喜欢的元素

★ "最大限度地发挥广告的作用"

◎ 本作是富士电视台黄金时段播出的连续剧，也是一部分水岭式的作品。我带着回忆问起这段往事。

三谷：《宇宙浪漫夜》是我自认为写得最好的一个剧本，收视率却大跳水，这让我很受打击，觉得现在的电视剧业界已经不再需要我了。我下定决心，如果再给我一次写剧本的机会，我一定要把想用的要素一个不落地用上，找齐我理想中的演员，如果这样收视率还上不去，那我就彻彻底底地离开这一行。

从结果上看，《不平凡的勇气》这部作品本身是挺成功的，制片人在这其中发挥了重要的作用。

◎《不平凡的勇气》于 2000 年 7 月档播出，共 11 集。制作方不再是一直合作的共同电视，换成了 East 公司。富士电视台的制片人是和三谷先生相熟的石原隆，East 公司的制片人是波多野健。

三谷： 波多野先生是我担任构成作家[26]的问答节目和《果然还是喜欢猫》的制片人，他提出"就算一辈子只有这么一次也好，想当一次电视剧的制片人"，然后指定由我来创作剧本。

首先，我、波多野先生和石原先生三个人讨论了一下"我们喜欢什么样的电视剧"。冒牌货反过来压真家伙一头的情节啦，伙伴们一个个聚到一起的情节啦，法庭剧啦……把三个人各自想拍的东西放到一起，然后决定创作方向。我们很清楚彼此的性格，意气投合，喜欢的东西也很像。波多野先生对这部剧的热情比我还要强，他经常出现在拍摄现场，并且真的带来了一股把现场所有人凝聚起来的向心力。这部剧之所以有"整体感"，都是托了制片人波多野先生的福。

——让《古畑任三郎》人尽皆知的制片人石原先生也是这样的吧，如果电视节目栏的介绍语和作品的气质不合，是过不了他那一关的。所以才说制片人对编剧来说非常重要，而且他们还经常在拍摄现场充当类似指挥官的角色。

三谷： 一部作品本来就应该在制片人的掌控之中，不这样可不行。

◎ "放到现在可真是贴近现实的主题啊。"听到我这句话，三谷先生立即回答："放在当时也是贴近现实的哦。"我简单介绍一下《不平凡的勇气》这部剧的主题。

以制作达摩[27]闻名的富增村和其他许多日本村落一样荒凉僻静、人口稀疏。一家名为"船虫开发"的公司计划在这里兴建垃圾处理厂。村民们分成了支持和反对两派——到底是求发展（其实也就是被收买下来）呢？还是坚守正义、保卫自然呢？今天的新闻里也经常看到这样的对立。

在我看来，这是个把现实问题用喜剧的方式加以表现的优质剧本。假扮律师在法庭上激烈抗辩的役所广司（他的角色其实是一位不入流的演员）演得动人心魄。在香取慎吾、铃木京香这两位主角以外，田中邦卫、津川雅彦、寺尾聪等老戏骨组成的配角阵容也十分豪华。

而且，这是"三谷幸喜法庭喜剧三部曲"（我擅自给起的名字）中的第二部，加上之前的《12个温柔的日本人》和之后的《了不起的亡灵》（2011），三部作品正好以舞台剧、电视连续剧和电影三种不同的形式描绘法庭。

三谷：故事是我从小就喜欢的"一群人聚到一起，以集体的力量向某个势力发起挑战"的模式，还加上了让冒牌货大显身手的设定。演员方面，从一开始直到后半段杉浦直树登场的演员名单就和电影一样豪华。就是那种会让人觉得"都快最后一集了，出来的竟然是杉浦直树啊"的阵容。杉浦先生是我非常喜欢的演员，很高兴能跟他合作。

作品虽然好，收视率却很差。电视台既不看好喜剧形式的连续剧，也不看好讨论垃圾处理问题的这种正经的法庭题材。他们觉得这个题材虽然贴近社会现实，但也很土。一般法庭剧讲的都是杀人案，民事案件很难拍成电视剧。拍的话最多也就是 NHK 那种程度。

我就决定不写连续剧了，实际上我后来再也没给民放（注：民营放送单位）的电视台写过剧本。

——在那之后您就只写过深夜的广播剧了，也给 NHK 写过一些剧本。您还有什么关于民放电视剧的苦与乐可以分享吗？

三谷：说起来，我很喜欢电视剧剧本里进广告之前的那些段落。

——这样啊？必须把每一集的情节切成一段一段的，很不容易吧？

三谷：借着进广告不是正好能表现电视剧中时间的推移么，写特别篇的时候，我会先问制片人"中间会进几次广告"，然后把最吸引人的情节都安排到广告之前，最大限度地发挥广告的作用。所以说，我写的剧本一定会把"广告"这个存在考虑进去。

——说起来，《不平凡的勇气》的原创剧本里也把"广告"写进去了。

三谷：虽然对我来说难以想象，但不少编剧并不会这么做。他们觉得剧本作品和广告没有任何关系，觉得"把剧本写出来，这个是自己的作品，至于把广告放到哪里，那不是自己的工作，所以爱放哪里就放哪里吧"。我不敢相信真有人觉得自己是写出了一部艺术作品。正因为是电视剧，所以应该最大限度地发挥广告的作用才对。

——进广告前的几秒要能让观众产生"那是怎么回事？"的感受，把观众牢牢地锁定在电视机前，这正是编剧大展身手的时候吧。

三谷：所以，实际播放时发现我指定要进广告的地方没有进，就会冒一肚子火（笑）。偶尔还是会发生这种事，大概是导演的感受和我不同，所以才变样的吧。

在剧中出场的女演员很可能也拍过广告。如果在进这个女演员的广告之前，剧里的画面刚好也停在这个女演员的镜头上，那就糟糕了。偶尔也会因为这个原因改变进广告的时间。

——不过现在也有电视剧有意地插入剧里演员拍摄的广告。

三谷：我觉得这只会起反效果。在一段专业水准的表演之后，同一个演员忽然笑嘻嘻地推荐起商品……大多数广告都是笑嘻嘻的没错吧。

——考虑到这种地步再下笔的话，应该很辛苦吧。但反过来，如果一点都不考虑广告的存在，把剧本当成小说一样的艺术作品写，也会产生很多问题。

三谷：比我小的几代人可能不知道，我上一辈的一些编剧说起小说家时，都会产生自卑的情绪。即便嘴上不说，内心的某个角落也会有"小说家在上，剧作家在下"的意识。也就是会有"从编剧变成小说家，代表了写作上的进步"这样一种倾向。我却完全不这么想。那些人就是因为想把剧本当作自己的作品流传于世，所以才想着出版剧本集，才不愿意把广告考虑进去。

——出版剧本，和电影的原声碟有点像欤。不过说起来，剧本本身也是综合艺术的一种形式吧。

三谷： 剧本的作用类似蓝图，我认为它本身是没什么价值的。不过现在已经没有多少人觉得编剧的地位在小说家之下了吧？

——即使被说成地位是在"上"的那一方，小说家们也不想让编剧们都去写小说、去向他们靠拢了吧。因为不想让有趣的编剧打乱自己的职场秩序吧。他们肯定不愿意让您或者宫藤官九郎先生这样的编剧去写小说。

三谷： 我虽然写完了《清须会议》这本小说，但好像没有接着把小说写下去的想法了。本来我就是那种想成为一个大集体里的齿轮的那种人嘛。

——不过这和您不擅长与人交往这点是矛盾的吧。

三谷： 我理想中的编剧是井上由美子。井上小姐不太在公开场合露面，所以观众大都不知道她。她的名字听上去也没那么受欢迎。但当看了一部有意思的剧，确认编剧名字的时候，很多人都会感到惊讶："啊！是井上由美子。"这就是我的理想。先看到的不是编剧的名字，而是先看作品本身，看到最后才发现编剧"是井上由美子！"，这才是编剧理想的位置。但我自己已经没法站上这个位置了。

——《古畑任三郎》走红的时候，开头用加粗的字打出"编剧三谷幸喜"的字样，您是这么出场的嘛。阵势一点不小，而且不管怎么说您在电视上露面的次数也太多了。

三谷：真的，我真想从头再来一次。不过我最近在想，电视也好，电影也好，舞台剧也好，一定要有一个气势很强的人在现场掌控大局才行，不然就做不出好作品。拍《古畑任三郎》的时候，如果现场有人比我还执着于悬疑剧的话，应该能拍得更有意思。

我之所以会去拍电影也是因为这个，没有人比我更深入地思考过我写的剧本。不过，对于编剧来说，那算是旁门左道了，并不属于编剧的本来样貌。作为编剧，我觉得性格里的某个部分向现实做出了让步。为了做宣传，我还上了那么多电视节目……真是越来越羡慕井上老师了。

——看得出您是进退两难啊。从下一章开始，我们就详细聊聊刚才也提到过的电影导演的话题吧。

09

广播时间

★ 导演处女作改编自舞台剧

★ 伊丹十三的话

★ 户田惠子是我的理想型

★ "如果不满意，下回再加把劲就是了"

——终于聊到您当电影导演的经历了。当然了，我对您的电影编剧经历也十分好奇。先请您谈谈您的导演处女作吧。

三谷：参与《回首又见他》的经历告诉我，电视连续剧经常会因为时间问题而删减，甚至重写剧本。正是因为这些经验，让我有了把正式开拍之前修改剧本的情况写成剧本的想法，这才有了1993年舞台剧版的《广播时间》。

——也就是说，您的导演处女作原先是一部舞台剧？

三谷：没错。一开始想写成一部推理剧，情节是一位演职人员在电台节目录制时被杀害，随着剧情发展，凶手的身份逐

(1997)

渐被揭晓。后来我把它修改成了一个"因为电台节目的剧本在直播当天被屡次修改而被耍得团团转的演职人员"的故事。以舞台剧的剧本为基础，我之后又写出了这部导演处女作的剧本。

◎ 立志成为作家的家庭主妇创作的广播剧即将在电台直播，她和丈夫兴高采烈地前往演播室。但是，因为女演员的任性妄为等种种原因，剧本一次次被迫修改。这是一部以"搞电视这一行就得不断修改剧本"的实际体验为基础，描绘广播电视台里形形色色从业者的群像剧。

　　舞台版《广播时间》于 1993 年 3 月至 9 月在新宿尖端剧场举行公演。

　　由东京 Sunshine Boys 剧团出演的舞台剧版和之后的电影版起用了不同的演员，不过西村雅彦、梶原善等人同时在两个版本中出场。

三谷：电影版中饰演业余主妇作家的是铃木京香，我把她设定成一位有很多外行人想法的作家。其实，我才是那个因为被屡次要求修改剧本而发怒的人，我投出的这柄标枪最终也刺中了自己。这其中也包含了我对自己的劝诫吧。

　　本来是高高兴兴地和丈夫一起到直播现场旁听，谁知道自己的剧本却一点点被改得面目全非。她最后把自己关进了演播室，大喊"请把我的名字从节目中去掉！"。这正是我那时候的心情，其实我也说过好几回"把我的名字去掉"这样的话。不过，我心目中理想的编剧是不该说这种话的。

　　在《广播时间》里出场的节目制作人有这样的台词："不管

出现什么情况，只要是自己写下的剧本，就应该负起责任，亮出自己的名字。有时也许会写出自己不满意的东西，那么下回再加把劲就是了。我们正是抱着这样的想法做着每天的工作的。"我大概也把那时对自己的思考写进了这句台词里。

——这样看来，某种意义上可以说这是一部以一个集体为主题的电影。在广播电视台的现场刻画集体中个体与个体间的关联。

三谷：我真是在很多场合都说过"把我的名字去掉"这句话啊（笑），太幼稚啦。

——这些郁闷的经历是否也成了创作《广播时间》的基础呢？

三谷：是的，一件不落。

◎ 本作描绘了"在同一个地方进进出出的各式人物"，是三谷幸喜的电影导演处女作。"在同一个地方进进出出的各式人物"——这一设定和 1932 年的美国电影《大饭店》（Grand Hotel）可谓一脉相承。

我们再次跳回三谷先生的童年，从他那时对电影的记忆谈起。

三谷：我从五岁起就开始在《周一 Road Show》和《周日洋画剧场》上看好莱坞电影了。我妈妈很喜欢外国电影，还会向我推荐一些影片："今晚要播的那部《千惊万险》（Sorcerer，1977）好像很有趣哦。"所以熬夜看电影也不会被骂。

——了解到"导演"这个职业是因为比利·怀尔德，对吧？

三谷：我觉得《桃色公寓》里的杰克·莱蒙真不错。不过，那时我虽然知道有演员这个职业，却还不知道有导演这个职业。后来，突然有一天，我发现我觉得有意思的电影几乎都是比利·怀尔德的作品。《桃色公寓》《爱玛姑娘》……这个那个全是怀尔德担任"导演"的作品！所以在那之后我就有意识地找怀尔德的作品来看，那时大概是十二岁吧。

中学的时候，我就让爸妈买了8毫米摄影机，从那时起就开始拍东西了。

——真早啊。

三谷：之前说过，我会用玩具小兵来排演我构思的故事。中学的时候，我用8毫米摄影机拍了以这些玩具小兵为主角的定格电影。一点点地移动小人，再用定格摄影的方式拍下来，不断重复。按下播放键，就好像在看手翻漫画一样，可以一边走路一边看。真的很有意思。接着还让班里的同学当演员，拍了一部模仿《疯狂世界》（*It's a Mad Mad Mad Mad World*，1963）的喜剧电影，放映会就定在我家开。那个时候还没法给影像配上声音，也没有剪辑，就只是把拍下来的几分钟影像放出来而已。上高中的时候，家里给我买了能支持后期剪辑的器材。总之我很喜欢用8毫米摄影机拍东西。

——从那时起就有了当导演的想法么？

三谷：我倒是没有当电影导演的想法，即便是现在，我也不觉得会一直执导新的作品。

开始担任电影导演的理由有这么几个。首先，在《龙马笑传》这样的喜剧里，我对于"停顿"的要求很严格。但是我在写的时候想好的节奏和实际成片里演员表演的节奏常常对不上。

举个例子，我给每集一小时的电视剧写的剧本，如果按照我设想中的节奏演的话，是不会超时的，但拿给导演一读，他们就会说"这页数也太多了，删掉一些吧"。

"我不想删减，因为都是重要场景的台词，请加快节奏拍吧，这样就不会超时了。"虽然这样拜托他们，他们也拍了，但后来还是告诉我："拍了一下试试，发现还是超时了，所以后期剪辑的时候把这儿剪掉了。"明明是考虑周全之后写出来的剧本，却把重要的台词和场景给删了。这太让我紧张了。

《古畑任三郎》既是喜剧，又是悬疑剧，所以剧本和成片倒是没有太大的不同。还是举《龙马笑传》为例，我在想，这部剧为什么拍得这么不用心呢？把好笑的台词都砍掉，成片看上去只是在追着故事的进度把故事讲完。姑且不论好坏，反正我的想法和导演的想法不在同一个频道上。

如果我自己能把头脑里的想法按照理想的节奏拍出来的话，那么下次当我写的剧本又碰上导演和超时的问题时，我就可以把这部我自己拍的电影拿到他们面前，告诉他们"就按这个节奏拍"了。正是为了这个，我才想试着拍一部将来可以用作样本的电影，这就是我内心的动机。

而且当时富士电视台的电影部门负责人、东宝的某位大人物等电影迷来看我的舞台剧的时候，好像说过"三谷先生不想拍一部电影吗？"之类的话。我觉得自己是编剧出身，不像导演那样能把大家拧成一股绳，没有领袖气质，也不会带着工作人员一起去喝一杯（笑），在现场更是没法大声说话，所以觉得自己不适合当导演。而且，一直到三十六岁的时候，我仍只会从编剧的角度去看电影，对于导演和剪辑的认知几乎为零，可以说是毫无自信。

虽然在剧团的时候偶尔当过导演，不过之前聊《12 个温柔的日本人》时也提到过，那时的导演工作不涉及舞台暗转和转场。我不知道怎么操作暗转、增加配乐和让舞台喷白烟，最好是什么都不干，让演员出场说上两小时的话然后走掉，我只能导得了这种戏。

不过，在写《没有出口！》这出戏的时候，对方提出"会有导演负责导戏的，请随着您的心意写吧"，我才接下来。但那位导演忽然退出，这下我变成导演了。明明是我写的剧本，再由我来导演真的好吗（笑）。因为预设的是别人导演，所以写得很是大胆，但这时我不得不去适应导演的工作。我也说过"我不行的！"，不过最后制作人还是决定让我导了，结果倒还挺不错的。如果没有这段经历，我可能就下不了当电影导演的决心了。

我决定当电影导演的理由还有一个——伊丹十三先生。他来看我的《演出不能停》，提出想和我见面，后来我、伊丹先生和宫本信子女士就一起吃了顿饭。

伊丹先生说："我也想拍《演出不能停》，其实已经在写电影版的剧本了。"他也来看过我的《笑之大学》。结果《演出不能停》的电影版没能拍出来，后来有一天，他和我说："这次想拍一部原创的电影，能一起来写剧本吗？"说起伊丹先生，我从大学时看《葬礼》（1984）的时候起就是他的狂热影迷了，他这么问我，我十分感激，所以就答应了。

之后，伊丹先生、我，还有制片人就开始写剧本了。伊丹先生会批评我写的那一部分"不是电影剧本"，这样不断地一来一回，但最后剧本还是没能完成。

两年后，还是伊丹先生自己写完的剧本被拍成了电影，也就是《受监护的女人》(1997)，99%都是伊丹先生的创作，但其中还是稍微留下了一点我的痕迹，所以我的名字也被写进了演职人员表[28]。虽然我说过"不把我写上去也可以"，伊丹先生却坚持"你的想法也在剧本里"。

那个时候，我近距离看到了电影剧本创作的过程，学到了很多东西，所以开始考虑自己也拍一部电影。如果没有这段经历，我可能也不会去当电影导演。

◎ 终于，三谷幸喜导演了他的电影处女作。为什么会选择《广播时间》这样一部作品？第一次执导电影时又有什么坚持，成果如何？我们又接着往下聊。

三谷：我没有第一次就执导完全原创的剧本的自信，就在已经演过的舞台剧里寻找最容易拍成电影的剧本，最后选了《广播时间》。比起原创剧本，还是先把舞台上已经上演的剧本改编成电影比较让人安心。而且在电影剧组工作的石原先生来看过《广播时间》，也说"真有趣，就改这部《广播时间》吧"，更让我吃了颗定心丸。

这是一个广播剧节目直播现场的故事，故事发生在一夜之间。我很喜欢把舞台设定为密室，大部分镜头都是在电视台里拍的。但是，正因为如此，有些情节上的设定就说不过去了。

有些喜爱广播节目的观众就给了差评，说："广播的直播节目里才不会有那么长时间的广告呢。"不过，我希望大家把这些情节也当作创作的一部分，这大概会被说成是在逃避问题吧。

拍摄的时候，台场的富士台新大楼刚好竣工，电视台走廊的戏就在富士台拍了。主舞台演播间是搭的景。从演播间这个地方开始构思这整部作品，又把它拍成电影。因为是导演的出道作，没必要跑到广阔的大自然里去取景，还是在自己最熟悉的地方拍最好。

—— 电影版和舞台剧版的区别大吗？

三谷：电影版里唐泽寿明演的导演有点主角的意思，这个角色在舞台剧版里没什么戏份。舞台剧版的主要戏份都集中在录音室里的几个人物身上，所以不想让录音室外的导演过多地出场。导演四处奔走也是电影版的专属设定。在舞台剧版里，舞台的正中央摆放着录音室的麦克风，背后站着演员。虽然是"舞台的假象"，但制作人和编剧都被设定为身处录音室内。

舞台剧版也没有电影版后半段的关键人物警卫（藤村俊二饰）这个角色，当然了，也没有一边听收音机一边跑长途运输的卡车司机（渡边谦 饰）这个角色。电影版的出场人物增加了。经验丰富的电台主持（井上顺 饰）这个角色，在创作舞台剧剧本的时候就是以井上先生为原型的，所以电影版请了他本人出演。做舞台剧版时因为预算不足而没法实现的事在电影版里实现了。

布施明饰演的广播电视台编成部部长这个角色则综合参考了和我有过合作的诸多制作人。

——原来布施先生角色的原型不是担任了您大部分作品的制片人石原先生？我总记得在网上看到过这样的说法……

三谷：那个角色是很多人的综合体，石原先生才不会那么随便呢。西村雅彦饰演的节目制作人倒完全是以某位不管什么时候都一脸谄媚的制作人为原型的。从穿着到轻佻的态度都如出一辙。这个人来参加了试映会，我还担心他看了之后会生气，心里惴惴不安。没想到他看完后还是笑嘻嘻地走出来，一边笑一边说着"哎呀，还真是有那样的制作人呢"，然后就回去了（笑），竟然没有注意到那个角色写的就是他。不过我乐观地估计，在电影里这个制作人的角色最后做了通精彩的发言，所以他即便注意到了，没准儿还挺高兴呢。

——您把自己的舞台剧搬上了大银幕，与其说是创作剧本，不如说是在做适合电影的改编吧？

三谷：因为脑袋里有成片应该是什么样的概念，所以给了导演这个工作很大的方便。最让我惊讶的倒是我画画的能力，简直是一塌糊涂。当然了，现在也没怎么变好。

——您之前说您的性格不适合当导演，那么当时的拍摄进行得还顺利吗？

三谷：因为是第一次当导演，所以我有些被害妄想的倾向，总觉得会不会被现场的工作人员狠狠欺负。我资历尚浅，工作人员则个个都身经百战，觉得绝对会被他们看不起。所以，我想让大家都能有"哦，这家伙不太一样嘛"的感觉。把第一个镜头设计成5分钟的长镜头，也是铆足了一股劲的（笑）。当然了，我自己也很喜欢长镜头，而且因为要表现整个舞台，用长镜头更容易操作。所以一开始含有介绍主要角色功能的镜头就用长镜头来表现了。

虽然拍电影的时候很少这么做，但为了拍摄这个镜头，我还是让演员在排练室排练时就加上了动作，然后又整体排练了一遍长镜头，在这个过程中，拍摄的位置和角度也就确定下来了。

在一架摄影机的长镜头下，随着镜头变换位置，主要角色交替出现。其实摄影机也没有那么大幅度地移动，不过是使用了让镜头看上去无拘无束、随意移动的摄影手法。当然，演员的行动也早就做了缜密的安排。

这一幕拍得还挺顺利的，现场也能听到"这个镜头真有趣啊！"的好评。从那时起，我开始觉得自己也多少赢得了工作人员的信任。

——导演就是会很辛苦的吧，对您这样不是科班出身的人来说就更是如此。

三谷：一开始我把剧本给制片人的时候，他的反应也和电视剧的导演一样——"这样不行的，肯定要超时。"不过计时的人却说："拍完一共是 1 小时 40 分钟。"她是对比了我写的电视剧和电视剧的剧本、舞台剧的录像和舞台剧的剧本，总之把当时所有能看的东西都看了，理解了我想要的节奏，才得出了"1 小时40 分钟"这个数字的。实际拍摄之后，还真的不差多少。真是位优秀的女性计时员，正式的说法是场记。她的名字是杉山昌子，是我的恩人。

——您的剧本对话来回很多，又是群像剧，初读大概都会有"好长！"的感觉，观众可能觉得《广播时间》一开始的长镜头有 15 分钟那么长。但其实户田惠子出场，念台词，慢慢移动到镜头外这一段拍得很快。剧本上很强调演员的"出现"和"离开"，但演员在说台词时动作却一直没怎么变，所以观感上就让人觉得过了很长时间。

三谷： 没错。太强调演员的动作了，反而表达不好意思。对于几个演员同时进行的动作——强调，读到的工作人员就会觉得必须仔细表现每个人物和每段对话，拍摄的耗时就变长了。

我之前一直是做舞台剧的，所以我能想到的最方便的拍摄手法就是长镜头。我很乐意思考"如果用一镜到底（one cut）来拍这场戏，演员该如何移动，摄影机又该如何移动"，我很擅长这个。而在"怎么分镜"这件事上比我擅长的人要多少有多少。扬长避短嘛，我想用自己擅长的方法拍电影，我的杀手锏正是长镜头。

我是个急性子，拍着拍着就开始想下一场戏，所以不会花上一整天换很多角度来拍同一个镜头。当然现在不是这样了。一个场景、一个镜头虽然排练的时候辛苦点儿，但只要成功一回就可以了，和我的急性子不谋而合。

——5 分钟的长镜头里，最后 15 秒要是有谁出了个错，或者哪里卡了壳导致不得不重拍，那可就太难受了。

三谷： 还真有这种事。最后被用于成片的镜头里，其实也有一些已经 NG 的镜头。比如有个镜头是唐泽寿明做动作的时间出了差错，奥贯薰露出了诧异的表情。不过这个镜头整体的完成

96

度很不错，所以还是用到了成片里。

——这部带着些许不安完成的导演处女作得了奖，还在国外上映了吧。

三谷：在日本得奖的时候真是吓了我一跳。入选柏林电影节的事情我到现在都记得清清楚楚。电影在柏林上映的时候，我坐在电影院的最后一排，观众爆发出一阵阵大笑，笑声是全世界的通用语言，现场和日本的电影院没有两样。不过散场亮灯的时候，我看到观众大多是一头金发，这才意识到"啊，这是在外国啊"（笑）。一边接受掌声一边上台时真的很感动。原来把电影拍得有趣、拍出质量，全世界的人看了都会放声大笑啊！明白这点让我很高兴，也变得有自信了。

在那之后，《广播时间》也在很多别的国家上映，但笑得最厉害的还是德国人，字幕一出现在画面上他们就笑得不行。我想德语的字幕翻译一定很到位，出现时机也恰到好处。台词能被理解，真是编剧最大的幸运。

电影的最后，当渡边谦饰演的卡车司机把车开到电视台的时候，现场更是爆发出一阵大笑。有种"哦哦！那家伙终于来了！"的感觉。

◎ 本作之后，"三谷组"的电影都由富士电视台和东宝共同制作。从极具人气的第三部作品《有顶天酒店》开始，"三谷组"的电影就留给观众"全明星阵容"的印象，《广播时间》这部作品其实也已经是星味十足了。之后，我们深入地聊了聊后来经常在三谷电影里出场的户田惠子小姐。

三谷： 户田小姐当时和我一块儿去了柏林。我还是学生的时候，户田小姐就是蔷薇座²⁹的大明星了，我特别喜欢她。

互相认识的经过没什么新鲜的：很久之前，大概是我刚从大学毕业的时候吧，一直很照顾我的水谷龙二先生把我招呼到了户田小姐参演的舞台剧的庆功会上。水谷先生知道我是户田小姐的粉丝，就对我说"你去给户田小姐献花吧"，我就去了，递上花的时候说了句"我是您的超级粉丝"。

户田小姐只回了一句"啊，真是谢谢"。后来，户田小姐完全不记得我给她献过花这件事了。我当时就是个阿宅一样的奇怪年轻人，她当然不会记得了。

不过从那时起我就想，有机会要和户田小姐一起工作。第一次合作的作品是《别叫我首相》，户田小姐饰演首相的秘书官。户田小姐在那之前出演过单集的电视剧，但演连续剧那应该是头一回。

从那之后，户田小姐开始经常在我的作品里露面。凭借在我的导演处女作《广播时间》里的表演，户田小姐拿了一个最佳女配角奖，在柏林电影节的放映会后和我一起上台的也是她。

户田小姐还参演了我们之后会聊到的《HR》（2002）和《新选组！》，还有舞台剧《乐池！》（2003）。每次当我想尝试新形式的剧本时，户田小姐总是乐意加入。她总能清楚地表达出我的想法，让我十分安心。没了她真是不行。

最近，在一个户田小姐没参演的舞台剧的排练中，我指出了一位女演员表演上的不足。那时我忽然明白，指出演员的不足，正是让一个角色慢慢接近我心目中的理想形式的过程。而我心目中的理想形式，正是户田惠子。明明是别的女演员在演，但我心里期待的却是户田小姐的表演。我意识到，户田小姐对我来说竟然如此重要。写剧本的时候，我也会把某个角色设定为"二十多岁的户田惠子的形象"。

户田小姐之于我，大概正如雪莉·麦克雷恩之于比利·怀尔德，又或者黛安·韦斯特（Dianne Wiest）之于伍迪·艾伦吧。她就是这样的存在。

10

大家的家

★ 原创的"私"电影

★ 学习伍迪·艾伦的长镜头

★ "摄影机拍不到的地方自有一个世界"

◎ 凭借《广播时间》以导演身份出道 4 年后，三谷幸喜于 2001 年执导了第二部作品《大家的家》。这是一部特征鲜明的滑稽喜剧——男主角的职业是放送作家，在剧中，他和妻子、木匠以及设计师在"房子应该建成什么样"一事上针锋相对，在房子逐渐成形的过程中，这种争吵又轮番上演。和根据自己写的舞台剧改编的出道作不同，《大家的家》用的是纯原创的剧本。

三谷：《大家的家》的故事是我的真实经历。拍这部电影之前的那年，我正好在建新家，那时就觉得"这说不定能拍成电影"。

（2001）

　　实际上，我、设计师和木匠真的发生了激烈的争执，这成了这部电影的主要情节，电影里的角色几乎都能在我身边的人里找到原型，就像在写私小说一样。

　　Kokoriko[30] 的田中直树饰演的丈夫、唐泽寿明饰演的设计师和田中邦卫饰演的木匠（他也是妻子的父亲，即男主角的岳父）在电影里是什么样，我那时的处境就是什么样。

　　美国海归设计师丈量尺寸时是以"米"为单位的[31]，木匠却以"尺"为单位。设计师认为以"尺"为单位测量出来的尺寸一定是日式风格的，所以坚决要求以"米"为单位测量——就连这么细枝末节的事，他们都要争论一番（笑）。

　　在以"尺"为单位的木匠看来，如果以"米"为单位从头来过，一定会剩下一些木材，造成浪费。美国海归设计师想把玄关的大门设计成从里面拉开的"内开式"，但木匠却认为日本的民居空间本就狭小，设计成朝外推开的"外开式"更合理。我把这些现实里实际发生的事都原封不动地写进了剧本里。

　　电影里，被木匠和设计师夹在中间的丈夫经常左右为难，现实中的我却觉得外开内开都没什么问题（笑）。其实我根本没想过门朝哪儿开这回事。

——在一系列的吵吵闹闹里，房子逐渐成形，双线并行，相互嵌套，让整部电影呈现出滑稽喜剧的搞笑感。因为那些已经建好的部分也没法推倒从头来过嘛。

三谷：建房子这件事本身倒没有那么重要，因为主要想表现的是人物之间的关系，所以就没把房子建好的情节作为全片的高潮，而是选了在那之前的一场戏——三个人在修理坏掉的家具时打开心结，互相达成理解。所以，如果把它当成一个建房子的故事，大概会觉得这个结尾很不可思议吧。不过，我觉得这样就挺好，因为拍摄的时候，我就认定"这不是一部讲怎么建房子的电影，而是一部讲人们怎么卸下心防的电影"。不过，虽然电影里那三个人最后是和解了，但是现实中却没这回事啊（笑）。

——这部电影给我的印象是，相比于出道作里电视台密室一样的空间，这部的舞台一下子扩大了。和上一部作品相比，这部作品有什么变化呢？

三谷：我选择了主播八木亚希子来演妻子这个角色，因为演电影的总是那一班老面孔，所以想尽可能地加入一些新鲜的元素。

还有，虽然《广播时间》拿了奖，但这不过是一部只在电视台里取景、讲述业界内幕的电影，所以其实并没有获得大部分观众的共鸣。因此这一次我想拍出一部更加开阔的电影，让更多观众愿意走进电影院。

不过，为了达成这个目标，还是必须得借助预告片啦、广告啦这些宣传物料的力量。宣传广告里电影片段的冲击力，比如唐泽寿明和田中邦卫争执的画面、房子逐渐成形的画面，这些画面的魅力会决定观众最终是否愿意买单，也会对票房产生巨大的影响。

◎ 我请三谷先生聊了聊在第二部执导作品里新学到的导演手法，他的回答里又出现了那位导演的名字。

三谷：说到改变，或者说新学到的东西……举个例子，在拍

《广播时间》的时候，我还没有意识到演员着装的颜色要统一这个问题，《大家的家》则用大地色或说茶色系做了统一，所以整部电影里都没有出现过蓝色。

还有就是在条件允许的情况下，都用一个镜头拍完一场戏。伍迪·艾伦的电影经常这么做，所以我做了相当多的实验，像伍迪·艾伦用长镜头拍摄纽约的酒吧那样拍摄日本的居酒屋。《广播时间》的开场是一个大约 5 分钟的长镜头，《大家的家》里也有一个长达 6 分钟的一镜到底。

一旦把镜头剪切开，就有一种导演在说"你们看这里！"的感觉，比如特意给手部一个特写镜头。当时我很抗拒这种拍摄手法。舞台上没有特写这回事，即使想让观众看到什么东西，也不能切分镜头，而得用演员的表演和动作去强调，尽量不去动摄影机。虽然拍出来的效果有好有坏，但也挺有参考意义的。

这部《大家的家》和之后的《有顶天酒店》（2006）都有不少一镜到底的镜头。为了和能拍出高质量画面的导演对抗，舞台出身的我希望以这种"一景一镜"的方式探索如何拍出好东西。

——说到对一镜到底的执着，我想到的是希区柯克（Alfred Hitchcock）实验性质的作品《夺魂索》（Rope，1948）。他用当时一本最多能拍摄 10 分钟的胶片尽量拍出一镜到底的镜头，再想办法把镜头拼接起来，最后变成一部实时的密室悬疑剧。

三谷：虽然的确做出了长镜头的效果，可这部电影不怎么有趣啊。我认为希区柯克电影的魅力正是在于对镜头的切分剪辑。虽然希区柯克用实验性质的长镜头拍出了这么一部作品，但我觉得就像在看小剧场里那种冗长的舞台剧。应该是剧本写得有问题吧。真想自己拿过来写，虽说那时候我根本还没出生。

——伍迪·艾伦倒是经常使用长镜头。镜头固定，伍迪·艾伦和托尼·罗伯茨（Tony Roberts）从远得几乎看不到的道路尽头走来，这个长镜头真是不错。两人边走边聊着被唱片店的店员揶揄因为自己是犹太人所以才讨厌德国的事情。

三谷：这应该是《安妮·霍尔》（*Annie Hall*，1977）吧？

——另一部作品 [32] 里还有这样的情节：一对夫妇模样的男女发生口角，镜头没有去追歇斯底里吼叫的女人，却对准了一脸困窘的男人，而且故意让摄影机晃动起来。我觉得那位摄影师厉害极了。

三谷：的确厉害。我一直很喜欢伍迪·艾伦，拍《大家的家》之前也从他那里偷师不少。我一直在想为什么伍迪·艾伦能把长镜头拍得那么好呢？他的电影里有很多镜头都没有对准正在说话的人，还有，演员有时会被挤出摄影机的画面。当了导演才知道，这样拍是有道理的。一般来说，我们都会想用摄影机拍下所有正在发生的事情，但伍迪·艾伦不是这样，看了他的电影我才真正明白"拍不到的就随它去吧"的道理。

"那么，这样的画面到底好在哪里呢？"我一边思考一边不断重看，这才发现在摄影机没有拍到的地方也自有一个世界。这样才有意思嘛。所以说没必要只把摄影机对准那个正在说话的人。

《大家的家》基本就是照着这样的思路拍的，但是某位看了成片的工作人员却说："这看起来像是还没剪辑完的作品，还不能说是电影。"我询问了原因，得到了这样的解释：比如说 A 和 B 两人正面对面谈话，一开始只拍 A，然后拍 B，也就是把同一段对话拍两遍。一般来说，会把这两段画面按照人物说话的顺序——也就是"ABAB"的顺序剪到一起。而我是这样拍的：无论是 A 在说话还是 B 在说话，都只把镜头对准 A，所以给人感觉像是在看未剪辑的素材。在天天和影像打交道的人看来，大概都会有"这都什么呀，根本不是电影嘛"的想法。

　　被这么说了一通，我开始思考电影到底是什么。总之，我关心的是拍出来的东西是不是有趣，至于它们看起来像不像"电影"，好像并没有那么重要。

——如果是外国电影里出现这样的设计，谁都不会说什么。但是如果是日本电影，专家们就会出来评论了。

三谷：不过嘛，我拍得也真是很蹩脚。明明既可以把摄影机再推近一点或是拉远一点，却偏偏停在了不上不下的地方，大概是因为胆子太小了吧。

　　虽说都是长镜头，但日本电影里常有的是那种镜头固定、拍摄的演员也静止不动的画面，我不喜欢这种拍法。给人感觉像是要发生点什么，然后就到此为止了。

——伍迪·艾伦的长镜头却能让人意识到画面之外的那个世界。

三谷：没错。品位绝佳，还不失诙谐。

◎ 我们还聊了聊从三谷先生的出道作起就进入固定班底，在出演《大家的家》前后开始蹿红的唐泽寿明。

三谷：我很久之前就认识唐泽了。我二十多岁组织剧团在小剧场演舞台剧的时候，曾经短暂地去 show pub 做过舞台编导，他正好在那儿工作，而且我是后来才知道这回事的。他当时好像是舞蹈演员，或者是那里的员工，现场还有不少别的演职人员，所以我也没和他说过话。不过有那么一小段时间我们曾经在同一个地方工作过（笑）。

我们岁数差不多，那时都想要努力做一番事业，还曾经在同一个地方工作过，所以意气相投，变得十分要好。

——他也出演了之前的《广播时间》，不过从《大家的家》开始，他身上好像多了些喜剧的元素，比如那顶滑稽的假发。

三谷：虽然大众对他的印象是时髦剧主演，但他本来就是个很有意思的人。不止是他，激发出某一位演员身上隐藏的魅力这种事我根本办不到，我只不过是把某个演员本来就有但不为人知的魅力展现给观众而已。

——就像是在介绍演员富有喜剧色彩的一面，或者令人愉悦的一面。

三谷：能把舞台剧演好的人一定也能把喜剧演好。唐泽也出演了《不平凡的勇气》的第一集和《别叫我首相》的最后一集。说到"友情客串"，我第一个想到的人就是他。不过，因为档期的关系，他没能出演《清须会议》，连续出场纪录也就只好终止了（笑）。

11

HR

★ 实现了拍一部情景喜剧的想法

★ 让观众进场，第一遍就正式开拍

★ "请不要把这个当成第一集来制作，当成是第 235 集吧"

◎ 三谷先生"既是家中独子，又赶上电视时代，几乎把美国 20 世纪 60 至 70 年代的电视剧全看过一遍"，其中让他印象最深的是《家有仙妻》《露西秀》(*The Lucy Show*，1962—1968)、《贝弗利山人》(*The Beverly Hillbillies*，1962—1971) 这些每集 30 分钟的情景喜剧。

《HR》[33]（富士电视台）再现了这些美国喜剧里的世界，让拍完《不平凡的勇气》后决意不再拍连续剧的三谷先生重返业界的正是他对于情景喜剧这种形式的执着。

《HR》是 2002 年 10 月开始播出的双播段剧集，虽说是深夜时段的剧集，但其实 11 点多这个时间正适合播放情景

（2002—2003）

喜剧。

　　故事的舞台设在日暮里的一所定时制高中 [34]。

　　香取慎吾和今井朋彦饰演老师；浅野和之、小野武彦、国村隼、酒井美纪、筱原凉子、户田惠子、中村狮童、生濑胜久等人饰演一年级 A 班的学生。可以说汇集了从中生代到新生代的个性演员。每集总会发生一起事件，然后课就上不成了。虽然也不时有滑稽的场面，但却不是日式喜剧，而是足以匹敌正宗美式情景喜剧的作品。对于喜欢有速度感的情景喜剧的我来说，这是一段相当愉快的采访（或者说对谈）。

三谷：我很想让《家有仙妻》这样我从小就很喜欢的情景喜剧在日本拥有自己的位置。我一直在思考应该如何把笑声加到剧集里。也想过像美国那样把观众请到摄影棚里，把他们真实的笑声收录进去。但倘若要分段拍摄的话，观众们大概不怎么享受，很难尽兴，所以我准备一刀不剪，直接演足 30 分钟给现场观众看。其实美式的情景喜剧都是分段拍摄的，但为了不让现场观众感到无聊，中间会加入很多电视上看不到的主持串场、乐队演出之类的环节，把整个录制过程都当成一场活动。

——美式情景喜剧里不同场次的戏分开拍这件事，倒是在 DVD 的 NG 花絮片段里看到过，转场换景的时候还会有乐队表演。

三谷：我是既没这个心思，也没这个钱，所以怎么在同一个场景里一口气拍完就成了我要解决的问题。对我来说，这就像每周都要给同一群演员写一部新的舞台剧一样。每周写一部新剧，大家集中排练的时间只有一天，然后第二天就要在观众面前表演了，而且不能出任何差错。

—— 这行程可真够紧的。

三谷：其实把剧本交到演员手上的时间基本都是正式演出的前一天，那天会搭布景、念剧本，然后加上实际的站位、动作、表情，进行一次初步的排练。第二天就会像正式演出一样整个过一遍，其实就和正式演出没什么区别了。

香取慎吾在这部剧里几乎始终在场，实在是不容易。《HR》的情节大致是由香取慎吾饰演的龚老师和其他某个人物的对话组成的，有点像是香取慎吾和其他演员的车轮战。正式拍摄前一天的排练结束后，其他人都回去了，他还一个人留下来安静地继续排练，直到凌晨 3 点左右。没有对戏的人，他也一个人小声地念着台词。

这部剧也是按照我喜欢的方式来拍的，但是我没能让观众对"角色没有长进"这个情景喜剧的大前提产生共鸣……

—— 这一点虽然和之前的《别叫我首相》相似，但和《别叫我首相》不同的是，这部《HR》是完完全全的情景喜剧欸。

三谷：即便想在日本拍出情景喜剧，但要是把大妈的笑声收录进去，就会变得很像搞笑短剧，效果总是不太好。不过，拍这部剧的时候真是铆足了劲，而且一拍就拍了半年，也学到了不少东西。工作人员们大多都是第一次拍情景喜剧，自然有不少疑惑，不过最后还是漂亮地完成了工作，我觉得也的确拍出了有意思的东西。

——您担任了这部作品的总导演，虽然您之前执导了两部电影，但这还是第一次执导电视剧吧？

三谷：我在《HR》里的身份有点类似于制片人，不过，影像方面的导演工作都拜托给河野圭太了，他是我最信任的电视剧导演。那个时候我非常执着，所以制作团队肯定也都明白这拍的就是情景喜剧。当然了，一开始还不怎么成形，中间也有过不少冒险和挑战，虽然这些都没能引起多少关注。

——美式的情景喜剧也衍生出不少的类型，比如家庭题材的剧里就经常有温馨的结局。如果主角是女高中生，那通常会表现她精神方面的成长。您似乎对像《家有仙妻》那样"出场人物没有任何长进"这件事尤其执着。

三谷：理想的情景喜剧是这样的：无论从哪一集开始看，整个故事都是成立的。如果表现人物成长的过程，就必须有上下文，否则就看不明白了。所以在写《HR》第一集的时候，我就跟大家说："请不要把这个当成第一集来制作，当成是第235集吧。"所以第一集的时候连出场人物的介绍都没有，突然就开始了，最后一集也是一样，突然就结束了。但是，即使这么执着，收视率还是不怎么样。香取先生扮演的老师不是那种能让观众投入感情的角色，虽然和蔼可亲，但其实是个很不上道的男人，这就让观众产生了受骗的感觉。

——您的意思是，观众们大都期待全剧的最后两分钟会出现"是我不好""谢谢你"这样能稍微抚慰人心的台词吗？

三谷：这个故事讲的就是香取扮演的老师到处和稀泥，感觉上和英国的情景喜剧比较接近。所以比起抚慰人心的台词，我更希望表现挖苦讽刺的趣味，不幸失败了啊。

——不过看了《HR》，倒真是觉得日本也能拍出真正的情景喜剧了。不看的话还真的不知道，比如有一集，轰老师要去找出到底筱原凉子扮演的色气女学生到班里哪位同学的家里过夜。查了一圈发现班上所有的男生，包括轰老师自己都曾经留宿过筱原小姐。这一集既有搞笑短剧的元素，又是正经的电视剧，拿捏得恰到好处。"原来三谷先生的情景喜剧已经拍到这个份儿上了啊！"——这让我觉得很振奋。对于我这个情景喜剧的爱好者来说，这是一部 100% 没有杂质的情景喜剧，所以难怪完全不了解情景喜剧的观众会觉得无所适从。

三谷：因为和之前看过的电视剧区别实在太大了，对吧？我是指拍摄的方法，不是说加入了笑声什么的。

——美式情景喜剧一般先是一个很短的开场，然后进主题曲，这个感觉特别好。《HR》也是先有一个很短的开场，然后接着奥田民生的曲子，相当不赖。

三谷：其实连这个也都交给我了，选曲是我拍板的，开场的那段拼贴的影像也是我去找设计师做的，做完让我确认了一遍，确保我想要的效果都做出来了。片名字样、logo、手绘的图画也全部做成了美式风格。

——气氛上倒是一点不输美式情景喜剧，正是因为有这么高的完成度，NHK 后来才能拍出《妈妈排球队》（2008—2009）这样的作品。

三谷：不过《HR》绝对不算是情景喜剧的完成形态，所以《妈妈排球队》原本没必要受《HR》那么大影响的。

——如果忽略收视率，您不是已经在《HR》里实现了大多数对于情景喜剧的设想了吗？

三谷：不过我也没有拍过瘾嘛，也有不少事情是有过这么一次经历才学到的。真想再拍一部啊。

——下次就按着美式情景喜剧那样每次就拍一场戏也不错嘛，一场一场地表演给观众看。

三谷：也是，可能我太执着于一口气把30分钟的剧集拍出来了。这种形式的剧要是能一直拍下去倒是不错，一旦出现空当，创作的感觉就没了。其实合理的人员配置是我来当主笔和监制，然后再邀请几位了解情景喜剧的编剧加入。

——而且不一定要电视剧的编剧来写，也可以换成写搞笑短剧的构成作家？

三谷：那就需要有一位愿意接手这份差事的制片人来领导大局了。我一个人兼顾两项工作，总有力不从心的时候，这时候要是没有一位非常喜欢情景喜剧的制片人在，可能真的拍不下去。说起来你有推荐的人选吗？

我虽然没看过《海女》（2013，NHK），而且它也不是一部情景喜剧，不过我在想，它能受到观众如此的欢迎，宫藤官九郎先生的贡献当然很大，但那其实不止是编剧的力量。我想，现场肯定有一位把编剧的剧本具象化为表演，把整个剧组拧成一股绳的制片人。也有可能是宫藤先生自己兼任了这个角色……如果真是这样，那他就太厉害了。

——可以感觉到他把剧本的趣味完整地传达给了剧组人员、演员和观众。比如戏谑地加入以前电视剧里的台词，又比如真的让桥幸夫本尊出场。

三谷：能拍到这种程度，要不就是几次三番地和导演沟通过，要不就是剧组里真的有人非常喜欢宫藤先生创造出的世界，这可真是太幸福了……我这个人果然没什么声望啊。

——而且整部剧的节奏很快。宫本信子饰演的"夏婆婆"明明人还在东京，但刚说完"不回去不行啊"，下一幕就已经回到北三陆了。可以说和您写的剧是两个极端。

三谷：原来如此啊。

◎ 三谷先生最后还说："之前虽然参与了米仓凉子主演的《家有仙妻》（TBS 电视台）的制作，但我后来没看过这部剧，因为有太多地方不满意了。"
　　请一定要再拍出一部原创的情景喜剧啊。

12 新选组！

★ 三谷风格的大河剧

★ 每集都要写 7 人份的剧本

★ "他们10年后会成为引领时代的演员"

三谷：我的作品中最具有分水岭意义的一部是大河剧 [35]《新选组！》。

© 众所周知，新选组是幕末时期在京都打击倒幕势力，后又参加戊辰战争 [36] 的武装集团。其形象广泛出现于电影、小说、电视剧、漫画和游戏中，知名度极高。

——终于聊到 NHK 的大河剧了。上一节还在聊到处藏梗的情景喜剧的人接下来突然要开始聊大河剧了，您涉猎的类型真是丰富。先请您介绍一下接下这个剧本的经过吧。

（2004）

三谷：我是看着大河剧长大的，在此之

前也在很多场合都说过"我想写大河剧"。我一直希望有机会写
出我想象中的大河剧。

——您想象中的大河剧是指？

三谷：就是能让观众在一整年里都想要追着看的东西。我特别
喜欢大河剧《黄金的日子》（1978），那年就好像和松本幸四郎
（当时他还是市川染五郎）³⁷饰演的主人公助左卫门形影不离似
的。我想写的就是这样一部作品，能让观众觉得一整年都和新
选组形影不离似的。

　　而且，连续剧是以"连续"为趣味的，但能连续放上一年
的剧集就只有大河剧了，这也是我想写大河剧的原因之一。

——后来终于等来了邀约？

三谷：NHK 找我谈这个企划的时候，给了我几个候选题材，问
我想写哪个。我从平安时代、战国时代的众多故事中一下选中
了新选组。我可想象不到战国时代动辄几千人混战的场面是怎
么样的。

　　而且，我年轻时创建剧团的心情和近藤勇上京召集伙伴组
建新选组的心情还挺像的，这就让我更加跃跃欲试了。

　　大河剧有这么多年的历史了，但还从没演过新选组的故事，
看起来也有些不可思议，简直就像是在等我来写似的。

——而且也少有原创剧本吧？

三谷：虽然少，但不是完全没有。山田太一写幕末时期的《狮
子的时代》（1980）就是原创剧本。不过 NHK 还真肯让我这个

没什么成绩的编剧写原创的剧本啊。

—— 剧本是怎么创作的呢？

三谷：制片人从一开始就告诉我"把全日本的观众全当成你的亲戚，带着这个想法去写"，就是说我必须要写出一个能让全日本的观众都愿意看的本子。然后就是和在民放时一样，喜欢怎么写就怎么写。

结果是，虽然评价不怎么样，但我觉得自己写出了一个有意思的剧本。对于那些批评"时代考据做得乱七八糟"的观众，我希望你们再好好看看，我觉得没有时代考证比这部剧做得还要严谨的大河剧了。不过，其中的确有一些情节是史书里没有记载的，例如近藤勇和坂本龙马一起去看黑船来航的那一段，的确是我虚构的。

我首先把成为近藤勇人生转折点的 49 天圈定出来，给每周的剧情设定"某年某月某日"的日期，用一小时来讲述当天发生的事。大河剧里常有时间跳转的设定，比如一下就跳到两年后，我不喜欢这样，一集就是一个日期。因为决定了用一整集来写发生在一天里的事，所以关于那一天发生的事，我做了相当彻底的历史考证，没想着掺半点假。

—— 但还是挨批了。

三谷：第一集里近藤勇、桂小五郎和坂本龙马一起去看黑船来航的一幕，大概太有冲击力了吧，所以这一段被重点关注并惨遭投诉了。你们再好好看看嘛。那些骂我的杂志我可都还记着呢，这种事忘不了的。

◎ 大河剧的历史开始于 1963 年（其时三谷先生两岁，而我一年后才出生），主要表现历史上有名的人物或事件，一般会从一年的 1 月播放至当年 12 月。我不再多做解释，只需列出过去作品的名称，读者想必更能了解大河剧近年的情况。

以下是对《新选组！》前后 7 至 9 年的大河剧剧目的回顾（列在剧目后的是该剧主演）。

1997 年《毛利元就》中村桥之助

1998 年《德川庆喜》本木雅弘

1999 年《元禄缭乱》中村勘九郎（当时）[38]

2000 年《葵 德川三代》津川雅彦

2001 年《北条时宗》和泉元弥

2002 年《利家与松》唐泽寿明、松岛菜菜子

2003 年《武藏》市川新之助（现名市川海老藏）

2004 年《新选组！》香取慎吾

2005 年《义经》泷泽秀明

2006 年《功名十字路》仲间由纪惠

2007 年《风林火山》内野圣阳

2008 年《笃姬》宫崎葵

2009 年《天地人》妻夫木聪

2010 年《龙马传》福山雅治

2011 年《江～公主们的战国～》上野树里

2012 年《平清盛》松山研一

2013 年《八重之樱》绫濑遥

不过短短十余年，看到这份单子的时候却会有"啊，原来还有这一部"的感觉，十分怀念，电视的发展速度真是惊人。

凭借大河剧人气急升的演员意外地不在少数。在 1987 年的大河剧《独眼龙政宗》里饰演主角的渡边谦就给观众留下了很深的印象，在 1983 年的大河剧《德川家康》里饰演织田信长的役所广司也是如此，虽然他的角色并不是主角。

同样地，2004 年的《新选组！》启用了如今当红的堺雅人、山本耕史、中村狮童、藤原龙也、小田切让等演员，在那之后不久，他们的名字就在全国家喻户晓了。

这和《太阁记》（1965）起用当时还是新人的绪形拳和石井浩二的情况有些相似。以前隶属于电影公司的演员很难出演电视剧，因为这个业界的潜规则，一些新人才能得到提拔。三谷先生同时起用如此多的新人，实属罕见。

这方面的内容在对谈里也有体现，此外我们详细聊了聊这部剧剧本的写法。

三谷：因为收视率不怎么样，媒体上开始有"把编剧换掉"的声音，又加上剧情进行到芹泽鸭（佐藤浩市 饰）被杀的那一段，大概是开播半年之后吧，收视率就一点点往下滑。大多数大河剧都以左右了历史进程的人物为主角，但《新选组！》不是这样，所以观众没办法俯瞰剧中的整个时代。不过这正是我有意为之的。俯瞰幕末时代的电视剧比比皆是，我想表现的是从庶民的视角看到的幕末，可惜似乎被观众认为这样的构想"不适合大河剧"。

选角也一样，我会尽量选和角色年纪相仿的演员。士兵们大都是三十出头的年纪，新选组明明是在这些人二十多岁的时候成立的，在这之前饰演新选组人物的却都是三船敏郎这样的老戏骨，所以这次我把演员的年龄降了下来。

因此，以前在大河剧里没什么出场机会的新人纷纷露面。9年前的小田切让、藤原龙也，还有山本耕史和堺雅人虽然不像现在这么出名，但我还记得制片人对我说过："他们10年后会成为引领时代的演员哦。"不过，当时的观众肯定觉得看到的净是些名字和脸对不上号的演员，一般大河剧里出场的都是松方弘树这样的老演员，完全不是一回事。所以那些上了年纪的大河剧观众没法理解我，抱怨这抱怨那的，不过制片人对我说："不用想什么补救措施，就照您喜欢的写。"

——剧本的写作是怎样进行的呢？

三谷： 这是我喜欢的那种"团队协作，共同完成挑战"的设定。香取慎吾虽然是故事的主人公，但并不是唯一的主角，新选组初创时的7位成员都是主角。所以，和写《12个温柔的日本人》时一样，这次我做了7个纸人，每一集都要构思7个不同的故事。

——具体是怎么写的呢？在电脑里存着7份原稿么？

三谷： 首先一股脑儿地敲到电脑里。对了，容我多说一句，我是不会在电脑上直接做修改的，不把剧本打印出来就很难客观地看待它。大致地在纸上读一遍然后整体进行修改，这一遍先是站在香取慎吾饰演的近藤勇的立场上读的。

接下来考虑土方岁三的立场时，也一样先站在演员山本耕史的角度读一遍剧本。比如山本先生读的时候会想"从第5场戏到第 10 场戏之间我都没有出场"，那我就要先想好"这期间土方岁三在做什么"。因为这部剧每集只拍一天的事，所以我只要想好土方在这一天做了什么就好了，就像在做土方当天的行程表一样。比如说让他出场去一趟荞麦面馆好了，整个故事可能就会大不一样，因为就需要考虑他去荞麦面馆是去见谁的问题。接下来再换到古桑（山口智充的爱称）饰演的永仓新八的视角去构思整个故事。

—— 也就是说，往融合了近藤勇和土方岁三视角的剧本里再加入永仓新八的视角，接着再加入其他人的视角……剧本会变得很厚吧。

三谷：换了 7 个人的视角写出来的剧本会很长，所以最后需要从中提取精华。7 人里即使有谁在某场戏里没有出场，我也想让观众清楚地知道这个人这时在哪里正做着什么事。

—— 比方说让哪个剧中人物说一句"那家伙去荞麦面馆了"的台词对吧。您需要先站在演员的角度留意到"山本耕史没有出场"，然后切换成剧中角色的角度思考"土方岁三这天做了什么"，从这两种角度出发写出了剧本。考虑得真是周到，不过想必也很不容易吧。这里面既有编剧探索的深度，又包含着时刻为演员考虑的剧团团长的心情啊。

三谷：真的想了很多啊（笑）。

—— 演员和角色加起来，您这个剧本要同时考虑 14 个人的心情啊。

三谷：就是在不断的修改中，整个故事才渐渐成形的。听起来挺不可思议的，但就是有那么一个瞬间，所有碎片突然就组成了一幅完整的拼图。为了这个瞬间，不知道要花上多久的时间，但这个时间必须要花。我喜欢这个过程，这也是一部值得这么一个过程的作品。不过我不可能为每一集都花上这么多时间，所以有时候拼图刚要完成，我就不得不停下了，很受打击的（笑）。

当所有的出场人物有机地联系在一起，时间线也都理顺了，角色们被完美地放进整个故事里时，真的会有每块拼图碎片都各归其位的幸福感。不过有时候虽然明知某块拼图不属于这里，也必须用尽力气凑合着把它拼进去。就这样，大概花了两年时间写完了这部要播上一整年的大河剧。

再来就是加入一些小细节了。比如新选组还叫作浪士组的时候，有一次在江户募兵，又把招募来的成员分组，分组名单贴出来后，只有井上源三郎（小林隆 饰）的名字不在上面，而是被分到了不相干的组里。虽然应该没人会关心这个史实，但思考"为什么只有源三郎被分到了别的组"这件事，试着找到理由，实在是乐事一件。

上京途中，在投宿的时候，只有芹泽鸭没有被分到房间，为什么只有暴脾气的芹泽受到如此对待呢？说到新选组，一般都会把焦点对准池田屋事件[39]，没什么人会关心房间分配这种事吧（笑）。

——您的作品却会放大这些有趣的小细节，用这些细节表现新选组这个组织，对吧？

三谷：我自己很喜欢这一集，每个角色的故事完美地拼成一个整体。这集的标题是《芹泽鸭 爆发》。如果让我选出写过的电视剧里最喜欢的几集，这集肯定能入选。这集还被说成是"史上第一次完全没有女性角色出场的一集大河剧"，但整部《新选组！》则被说成是"史上出场人物最多的大河剧"（笑）。

—— 现在回过头看，这部剧记录了好多名演员年轻时的样子啊。9 年后的现在，他们的确都成了代表日本的演员啊。堺雅人欸，好厉害。

三谷：堺雅人在《新选组！》之后又出演了《笃姬》，由此一举成名，我好开心。虽然我开玩笑说："明明是在演《新选组！》的时候就红了嘛，真不甘心！"其实从没这么想过，总之只要好演员能变得有人气，他们的有趣之处能传达给观众就好了。我很高兴看到堺雅人、山本耕史和谷原章介都再度出演了大河剧，并且一样那么努力地去把角色演好。

◎ 三谷先生对本剧的收视率感到悲观，其实第一集的收视率达到了 26.3%，平均收视率也有 17.4%，这样的平均收视率还被认为是"差"，可见大河剧是何种程度的国民电视节目了。

三谷先生最后谈了谈对大河剧的看法。

三谷：这部剧拍摄的时候我也常去片场，就像成立了一个新剧团，大家花一年时间演了这么一部剧一样。好像大家组成了一个叫"新选组！"的剧团。

直到现在，山本耕史组织的"新选组！忘年会"还是每年都会开，每年都会来很多当时的演员和剧组工作人员，我因为喝不了酒，所以待上一小时就走了，去年的忘年会好像也很尽兴，最后好像有几位演员在所有人面前脱得精光跳起了舞（笑），还好我走得早。拍摄的时候也好，忘年会也好，都是山本先生在努力地把大伙撮合起来。

真的只有喜欢历史的编剧才能写出大河剧的剧本。以前的某些大河剧不禁让人怀疑编剧是不是真的喜欢剧中的人物，总让人觉得内容有些空虚，总之看过就会懂的。

——有时会有把历史课本拍成影像播出来的感觉，比如用旁白说出"当时，在某某地方发生了战争，如何如何……两年后"之类的话。因为不缺预算，所以反而让人感觉大型的炮击战场面是强行塞进去的，如果没有两军交战的剧情，收视率说不定反而会上升。

三谷：嗯，会让人有种"观众就那么喜欢看战斗场面吗？"的感觉。不过，光是战斗场面并没有什么戏剧性。

如果我还有机会写作大河剧的剧本，比如写一个战国时代的剧本[40]，那我会尽量减少战斗场面。如果无论如何都要表现战斗，那我会更关心为什么一方能胜，而另一方会败，细致地描绘其中因果。我是那种理科思维的人，所以想好好地剖析战事。那种两军"哗——"地打起来，其中一方势如破竹地取得胜利的拍法真是太无聊了。

写《新选组！》的时候我也一直在思考，为什么一方能胜，而另一方会败。

13

2000 年以后的舞台剧

★ 被《莫扎特传》的萨列里感动

★ 拿破仑、凡·高、石川啄木、巴赫……天才身边人的有趣之处

★ "喜剧这种东西竟要如此地与时代同步呀!"

三谷:我谈一谈《新选组!》之后的一些舞台剧吧。

◎ 持续超过 12 小时的对谈接近尾声的时候,话题又转移到了舞台剧上。

　　为大河剧写剧本似乎也深深影响了三谷先生此后的舞台剧创作。

三谷:虽说《新选组!》在大河剧里已经算是笑点多的剧集了,但因为我在这之前一直拍喜剧,所以还是觉得有些严肃。而且出场人物中有一多半最后都死掉了,我在虚构时可不会这么写。借着"史实如此"这个理由,我才能毫不犹豫地往下写。也是因为写了这么一些史实,自

那以后我才能触及此前从没写过的严肃题材，学会怎么写一场严肃的戏。

　　所以，在写完《新选组！》之后，我的创作发生了很大的变化，其中变化最明显的就是舞台剧。

　　电影方面，尤其从第三部作品开始，我决定只拍娱乐片，尽量吸引更多的观众。不过我对于舞台剧的想法却改变了。具体的表现就是以真实人物和事件为主题的作品变多了：凡·高、石川啄木[41]、夏目漱石，还有纳粹，还讨论过输血问题。我没想过自己还能讨论这么严肃的话题。以前我只想写出好笑的喜剧，这下多了些人性剧的意思。当然了，喜剧的要素不能丢，该好笑的地方还是要好笑。

——我能理解以真实人物和事件为主题的作品变多了这一点，不过为什么偏偏只作用到了舞台剧这种形式里呢？

三谷：因为只有在舞台剧的世界里，我才能把作品做成自己最想要的样子。舞台是我的精神支柱，这一点从我组建剧团的时候起就没有变过，直到现在。

　　而且，和电影相比，舞台剧的角色少得多，人物和事件都一览无余。舞台剧的人物大概也就是电影的 1% 那么多吧。

——大型的舞台剧也是这样么？电影最后的演职人员表上的人数可够夸张的，是那个的 1% 吗？

三谷：电影的确就是这么夸张。工作人员太多了，认都认不全。前段时间排了一个叫《服装师》的舞台剧，演职人员总共就只有担任导演的我、制作人、导演助手、舞台导演，以及照明、美术、音响各项的负责人和技师，再有就是演出部的人，最后是负责转场换景的三个工作人员。大件道具都是直接订购的，所以演出现场大概就只有 15 个人。

电影的话，工作人员得有接近 1000 人吧，开庆功宴的时候真是人山人海。

——拍电影真的是在烧钱啊。

三谷：是啊，伍迪·艾伦的电影在美国算成本挺低的了，但也要花掉大约 15 亿日元（笑）。我新拍的时代剧《清须会议》（2013）可没花这么多钱，不过比起舞台剧还是贵多了。

——工资的开销就很夸张吧。虽说电影里的每个环节都需要大量工作人员的参与，但 1000 个人还是好夸张啊。

三谷：所以说最让我冒火的就是对着高成本的电影，发出"就算不花钱，多花点心思和人力，也能拍出好电影"这种评论的家伙（笑）。明明最花钱的地方就是工资。

舞台剧的特点就是预算低也没关系，所以没有什么门槛，虽然这样也有好有坏。因为任何人都能演自己排的剧，所以也有很多难看的演出。我很担心看过一次那种演出的观众就会觉得"舞台剧可真没劲"，但也不愿意看到年轻人放弃自己舞台剧的梦想。

——因为有认识的人参演所以就决定去看，买了 5000 日元一张的高价票，结果却看了一部无聊透顶的剧，那可遭了大罪了。

三谷：我很早之前说过，如果同时存在有趣的舞台剧和有趣的电影，那肯定是有趣的舞台剧更有趣。但如果同时存在无聊的舞台剧和无聊的电影，其中更无聊的也肯定是舞台剧。我也是在大学时就组建了剧团，多尝试些别的东西没什么不好的，但真要在观众面前表演的时候，还是多上点心吧。前段时间我去看戏，竟然一下收到100张宣传单！但那里面吸引我的就只有两张而已。演戏被想得太简单了。

——去看业余乐队的单独演出，最多也只是觉得那个乐队本身不怎么样吧。但是看了难看的舞台剧却会认为"舞台剧可真没劲"啊。

三谷：是的。观众对音乐界本身是没什么意见，对舞台剧却会低看一眼。

在舞台剧里，我能把想表达的东西清楚传达给所有人，而且现在正在创作的舞台剧还是沿用已经合作多年的人员班底，举手投足之间就能明白对方的意思。虽然也要开会讨论，但即便我允许大家自由发挥，出来的效果也总能跟我的想法不谋而合，这样一来我也能灵活安排时间，总之现在一切都挺顺利的。

喜剧是我开始做舞台剧时的原点，也是我现在所在的位置。伊东四朗先生说过"喜剧就是要在现场演出"，靠着现场观众的反应，才知道应该怎样改进喜剧。就连伊东先生都说"有些东西只有实际在观众面前演了才能明白"，我当然也深有体会，有些下笔时觉得很有意思的台词完全没有得到回应，相反地，观众也会在一些出其不意的地方大笑。因为无法预测，所以最好的课堂就是演出现场。

《笑之大学》里的喜剧编剧椿一的原型菊谷荣先生，以前当过榎本健一[42]的专属作家，写过《最后的传令》。我之前刚好有机会读到这个剧本，觉得这该多有趣啊，很是兴奋。但实际读过之后却发现也没那么有趣，这让我很惊讶。让我惊讶的倒不是"原来菊谷荣这么无聊啊"，而是喜剧这种东西竟要如此地与时代同步呀！以前这个剧本一定也引起过观众的爆笑，原来那个时代的喜剧是这样的啊（虽然演员的滑稽表演也很重要）！菊谷荣肯定没想过要写让未来的人觉得好笑的剧本，他只想逗乐同时代的人们。

"我是怎么样的呢？"——我开始思考。我的剧本也要为今天在这个剧场落座的观众而写，所以，如果我的剧本流传到了后世，肯定也是一件丢脸的事。未来的人读到了大概也要说："那时候演的都是这么无聊的东西吗？"我也没在剧本里蹭时事热点，但就是有一些东西只能让同时代的人发笑，我也不是很懂为什么啦。

——和时代之间的"间隔"也有关系吧。

三谷：但电影却能流传下去，对我来说就是烫手的舞台剧替代品，我可没什么让100年后的人也能爆笑的自信（笑）。

——还是同一个喜剧演员，还是说着100年前那些现在听起来已经不好笑的事，但100年前的喜剧电影现在看起来还是很有趣。艺术形式变了，效果好像也不一样。

三谷：没错。比利·怀尔德的电影现在看起来虽然还是很有趣，但有些东西也已经褪色了。我的主观感受是《龙凤配》（*Sabrina*，1954）已经有些过时了，总觉得有哪个地方跟不上时代了，可能是设定的问题吧。

——设定是小姑娘长成大家闺秀，然后和有钱的男人结婚，相当主流的设定啊。

三谷： 在比利·怀尔德的其他作品里，《黄昏之恋》（*Love in the Afternoon*，1957）就没有过时的感觉，《桃色公寓》也没问题，《热情似火》（*Some Like It Hot*，1959）也没给人褪色的感觉。到底为什么呢？有时间的话可得好好研究一下。

——举一个不是喜剧的例子，《金刚》（*King Kong*，1933）还是最早黑白的那个版本最吓人。电影放映机投出来的画面有种不可思议的力量。

三谷： 就是这样，它似乎拥有某些不会褪色的东西。总有一天得搞清楚那东西是什么才行。

——您是怎么学习和研究的呢？我能想到的就是多看。

三谷： 还有就是分析剧本。好导演能让观众好奇"接下来会发生什么"，让观众保持兴致。不过《龙凤配》的剧本里还是有经不起时代变迁的东西啊，我是这么认为的。

——您几乎不会重看自己的作品，即便看了，最早的作品距今也还不到 20 年。所以您应该不会有"过时"的担忧吧？

三谷： 就是因为太担忧了所以才不敢重看啦。不过，重排 10 年前的舞台剧的时候，我读了那时写的剧本，发现里面已经有一些当时很有趣、现在已过时的段落。整个读下来，几乎没有觉得"哇！这里写得好有意思"的地方，觉得"欸？这里应该更有意思才对啊"的地方反而更多一点。

更难的是，一旦你觉得剧本里有哪个地方无趣，想用现在的想法往里加一点什么的时候，十有八九都会搞砸。因为不管有趣无趣，剧本都已经完成了，还是别想着往里加东西为好。我也是慢慢才明白了这个道理。

《12个温柔的日本人》《演出不能停》和《彦马来了》都是这样。重排《12个温柔的日本人》的时候，我想着把温水洋一的椅子弄得小一点，排练的时候想到的，也的确试了试，但其实这个梗没什么必要（笑）。这不是一部多么需要笑料的剧，这样的改动有些多余。

说到喜剧，就不得不提《坏消息与好时机》（2001）上演时，伊东四朗先生和角野卓造先生的对戏了。他们两位的互动真的特别滑稽，为了看这一段，我每天都往剧场跑。就在照明控制室里看。

剧中他们两位的设定是一个叫"烟囱·猪排"的搞笑艺人组合，两人在酒店的休息室里排练。一个人扮演说着"请把您的女儿交给我吧"的年轻男子，另一个人扮演女孩的父亲。伊藤正之扮演的酒店婚礼司仪正好路过，不知道两人是在排练，就掺和了进去。只有这场戏真的让我在剧场里笑了出来。伊东先生的演技真是好，虽然实际表演的时候有一些微妙的即兴成分，但并不显得拖沓。剧本的趣味和演员的技术真是恰到好处地结合到了一起。

在这之前几年上演的《如果和你一起》（1995）也很不错，这两部剧让我有种完成感。平时很少能有这种感受，对于我来说，这两部剧在"舞台的喜剧"里算是合格了。

所以在那之后，我决心探索各种不同风格的喜剧，尝试过户田惠子的独角戏、音乐剧等各种各样的形式。这种转变大概是从 10 年前开始的，是户田小姐演的《浪花蝴蝶》那时候吧，和大河剧是同一年，所以是 2004 年。

——那个时候因为写了《新选组！》，所以也开始多写以真实人物为题材的舞台剧了，对吧。和刚才的话题连起来了。

三谷：写了大河剧真的很重要。写史实的好处就是可以厚着脸皮去写一些疑点重重的事情。写《新选组！》的时候就经常觉得如果完全原创的话，有一些戏绝对写不出来，这些戏多是沉重的话题或者乳臭未干的青春故事。我觉得年轻人之间的友情让人很难为情，所以不怎么写，但只要想到"这是史实嘛"就什么都写得出来了。"史实"就像一个了不得的武器。

——创作的主题也变丰富了吗？

三谷：还有一点，之前我一直没碰过严肃的题材，所以借着创作以史实为基础的剧本的机会，我好像也稍微摸到了抖笑料以外吸引观众的方法。喜剧的好处在于凭借笑声就能知道观众接住包袱了，但我是写了大河剧才知道，原来即使不逗笑观众，也有别的办法把他们留住。没有笑声却能抓住观众，这种事我竟然也能做到啊。

——以史实为基础进行创作的编剧不在少数，您的作品有哪些独特的个性呢？

三谷：我从不觉得自己属于"被选中者"。只不过是运气不错，也遇到了对的人。我具备抓住这种好运的能力，但绝不是那种万里挑一的能人。我从没想过要在日本的电视史、电影史或者戏剧史上留名，也不觉得能留个什么名。但是即便如此，也有不少我能做到的事。

我写的是那些能鼓励没被选中的人们，让他们感觉"这个故事写的是我"的东西。被选中者应该写不出这样的东西，就是因为没被选中，所以才能写出来。

舞台剧《莫扎特传》的最后，萨列里[43]转向台下的观众说："所有凡庸的人哟，我是你们的守护神。"[44]还是学生的我坐在观众席上，觉得这句话就是对我说的，没来由地觉得很感动。其实萨列里也是相当出色的音乐家，我连他都够不上，但我还是想成为他口中的守护神。

以史实为基础展现的几乎全是这个主题。

《新选组！》就是一个例子。本来大河剧里是不可能有那么多凡庸的年轻人的。知道要写大河剧的时候，我最先排除掉的就是那些天下闻名的大人物。我就是因为不想写坂本龙马这样的英雄，而想写更多的被留在那个时代、后世也不再提起的人物，才选了新选组这么一个主题的嘛。

《知己的羁绊》（2007）讲的是一个据说擅自修改了凡·高画作的人的故事。这个名叫舒芬尼克尔[45]的人也是一位画家，他是凡·高的好朋友。他看到凡·高的画时，觉得画上缺了些什么，于是擅自补画了一只猫，引起了严重的后果。他在学校教画画，一直觉得自己和凡·高水平相当，所以想着教一教凡·高，结果就是擅自画了只猫。我想写这个人的故事。

凡·高、修拉⁴⁶和高更⁴⁷都在那部剧里出场了，但真正的主人公却是舒芬尼克尔。

—— 一般都会以凡·高为主角吧，您的兴趣原来不在胜者的这一边啊。

三谷：嗯，在败者那一边。最近刚刚上演的《拿破仑这家伙》（2013）则以拿破仑被捕后负责看守他的英国军官为主角。他和拿破仑是同年生人，觉得十分自卑，所以疯狂地折磨拿破仑。不过我还是很尊敬他，因为他仍然为"现在那个伟大的拿破仑也在我的看守之下"感到骄傲，但总的来说自己还是远不如拿破仑。这让他十分难受，妒火丛生。

—— 所以才取了《拿破仑这家伙》这么个名字？

三谷："这家伙"在法语里有"骄傲"的意思⁴⁸，所以标题也有"以拿破仑为傲"之意。舒芬尼克尔和这位英国军官都是那种"在被选中者身边"的人。

《贝吉·帕顿》（2011）的主人公是夏目漱石在伦敦留学时的女仆。她脑瓜不灵光，说话口音重，总是被周围的人取笑。她说"I beg your pardon"（劳您重复）时，听起来就像是"bedge pardon"，漱石就给她取了个"Bedge Pardon"（贝吉·帕顿）的绰号。漱石在日记里写了这件事，读到这本日记的时候，我就想写这名女子的故事了。我就想写这种天才身边的人。

如果没有这样的人，我就自己造一个出来。《没出息的啄木》（2011）里有一个和啄木要好的小贩，现实里其实并没有这么一个人。

——您关注伟人和天才身边的人的理由我都清楚了，不过您是如何构思，或者说如何突然想到这些人的呢？

三谷：我现在正在关注巴赫。我不是很了解古典乐，不过在写《90 分钟》这部舞台剧时，我用了巴赫的曲子，所以第一次对巴赫进行了一番调查。巴赫最后死于医疗事故，有种说法是他患了耳病，医生的不当治疗导致了他的死亡。查阅了一番后发现，有"古典乐之母"称号的亨德尔[49]也是相似的死因。又仔细研究了一番，发现两人的医生就是同一个人。这位医生就这样谋杀了世界上两位如此重要的音乐家（笑）。这不是什么有名的故事吧。

——是的，明明干了这么出格的事（笑）。

三谷：在书里发现这段时，我不禁觉得"哇！这人好有意思"。为什么谁都没有注意到这位医生呢？找到这个人时，我的心情大概就是这样。我还没有深入调查过，多做一些研究，肯定能更了解这个人。如果这位医生也喜欢音乐的话，那可就太有意思了。如果他碰巧喜欢的就是巴赫，那他该有多苦恼啊。后来又碰上亨德尔的时候，他的心情又是怎样的呢？

我本来就喜欢历史，所以正好适合做在书里翻翻找找的工作。虽然必须来自真实的史料，不过天才身边的人其实还挺多的。我现在想写的就是这些人。

——不过您的找法可真够曲折的，和关注天才球员身边的教练完全不是一回事。

三谷：不过啊，带着这种心情，每天这里看看、那里读读的话，能发现不少题材欸。

——您说的"这种心情"，就是我说的曲折的找法吧。

三谷：曲折的找法找到的料才更好笑嘛，教练什么的可笑不出来。

　　我是这么发现凡·高的好友舒芬尼克尔的：某天我在银行等叫号，沙发旁边的书架上摆着给小孩子看的关于凡·高的书，我随手拿起来翻阅，发现"这人除了《向日葵》之外，还画过这样的画啊"，就对他多了些兴趣。后来买了凡·高的传记来读，在传记里发现了舒芬尼克尔这个人。

　　接下来读了讲高更的书，又出现了这个舒芬尼克尔，而且他老婆还被高更睡了。高更和凡·高都是他的好友，他却没有一点名气，而且老婆还被其中一个好友给睡了。他擅自修改另一个好友的画，还要被后来的人骂。这么有意思的家伙究竟是何方神圣啊？

——的确让人很好奇欸。不过即便读了书，也不能保证一定会出现这种奇怪的无名之辈吧。如果没有发现这样的人，您还会觉得"这也算一种探索，所以没找到这个结果也可以接受"吗？

三谷：稍微走走可能不会立即有什么收获，但只要打开雷达，最后总能有所得。再说了，我本来就有读书的习惯。

——您不是那种会带个包去趟印度，希望找到些什么素材的类型，对吧。

三谷：不是，我讨厌旅行。

——拿破仑和啄木的名字写进了剧名，但却都不是主角。

三谷：即便主角是天才本人，着重刻画的也还是他身边的人。新选组就是刚好被拿来作为"历史上的武装集团"的典型而已，好好调查一番，你大概就会想对着这帮人说上一句"这个时代多么激动人心，而你们这些家伙到底在干些什么啊"。他们在那段历史里其实没什么参与感，近旁的坂本龙马明明很努力，新选组的这些成员却整天忙着搞内讧。

——不过在世人的眼中，新选组就像那个时代的英雄集团一样。

三谷：是从以龙马为主角的剧里把他们安排成敌对一方的时候开始的吧。司马辽太郎的作品起了很大的作用。他把土方岁三的死上升到了美学高度，又把冲田总司写成了美少年剑士。

——是为了让时代剧的故事更卖座吧。

三谷：也有这方面的考虑。新选组这帮人其实真的挺无能的，所以我才喜欢他们。那些人根本没干什么正经事（笑），只不过是拖了一下历史的后腿罢了。新选组也好，舒芬尼克尔也好，是因为他们身上有笑料我才写的。他们都对自己有所误解，所以才好笑，因为好笑，所以更觉悲哀。

——之前问了您写作的过程，拿破仑这个角色是照着野田秀树的形象来写的吧？拿破仑是历史上真实的人物，这要怎么写呢？

三谷：这样才有意思嘛。以史实为基础，加入野田先生的个性，这个过程非常有意思。再说了，拿破仑和野田先生原本就有不少共同点，比如身高和性格，他们俩还都是急性子。

　　拿破仑也有这种一般人类的性格，想必没什么人了解吧。据说他吃饭的时候经常把食物弄得到处都是，因为是历史上的英雄，所以人们往往会忽略这些事实。大概谁都没想过林肯其实有一双大脚吧。

　　—— 您都读了些什么书啊？

　　三谷： 嘿嘿。总之逮着什么就读什么，总会有所收获。现代人关于拿破仑的著述里大概是找不到啦，不过从拿破仑同时代真的认识他的人的日记里，还是能发现那个时代的气息。真的认识那些大人物的人写的东西最有意思。

　　—— 可没少花工夫。

　　三谷： 井上厦所著的太宰治和啄木都是相当正经的人物传记，能让读者很快了解人物的生平和为人，也可以当成评传来读。不过我不是这么写的，我会专门写太宰治某一天的生活，用太宰在这天的所作所为来塑造他的形象。这么看来，史实看起来是一种限制，但却让我的写作变简单了，虚构历史或者历史上的人物反而是难的。举个例子，如果让我虚构一个国家的历史，写一个《新选组！》一样的原创剧本，我是做不来的。我现在有很多机会去写历史上真实的人物，我把这看成是一种喜剧的变种，无论起点如何，最后我还是会回归到喜剧里啊。

14

我家的历史

（2010）

★ 褪下昭和时代滤镜，还原其真实样貌

★ "我还有不小的潜力"

◎ 本剧是为富士电视台成立 50 周年企划的纪念作品，2010 年 4 月 9 日起连播 3 天。本剧花费 4 年创作完成，背景是激动人心的昭和时代，描绘了坚强爽朗、不屈不挠的八女一家和他们身边的人，时间跨度从战后一直写到昭和三十年代（1955—1964）。

柴崎幸饰演主人公政子。住在博多的这一家子的父亲（西田敏行 饰）在生意场上屡战屡败，全家的生活状况相当窘迫。政子在夜总会当陪酒女郎，邂逅了实业家鬼冢（佐藤浩市 饰），两人开始交往。鬼冢已有妻室（天海祐希 饰），但政子不久就怀上了他的骨肉。此外，八女家的母亲（富司纯子 饰）、弟弟（松本

润、佐藤隆太 饰）、妹妹（堀北真希、荣仓奈奈 饰）也有各自
的邂逅和分别。这是一部以八女家为中心，对周围人也做了充
分描绘的群像剧。

石井浩二饰演的永井荷风 [50]、伊东四朗饰演的古川绿波 [51]、
山口智充饰演的力道山 [52] 等当时的名人悉数登场，扮相几乎和
本尊一模一样。战后的若干社会大事也在本作中有所体现。

三谷：昭和三十年代的实际情况是怎么样的我可不了解。我是
昭和三十六年（1961）才出生的嘛。

稍微调查了一番之后发现，战后居然差点发生军事政变，
我觉得惊讶，我一直以为昭和三十年代和今天一样是个和平的
年代，但其实二战结束还不到 15 年，空气里还有战争的味道。
不少之前的军人也还在，搞不好真的会发生军事政变，我对这
个年代的印象不是这样的，所以有些惊讶。

比方说《ALWAYS 三丁目的夕阳》（2005）里的世界就绝对
不可能有什么军事政变。因为和我的印象有别，所以我更想写
下来，《我家的历史》播到第三晚时，观众既可以看到八女一家
在运动会给孩子们加油，也可以看到一些以前的军人讨论发动
战争的画面。

——剧里也多次提到了打仗时主张共产主义的人们。

三谷：政子过去的恋人大浦（玉山铁二 饰）一开始信奉共产主
义，后来又转向右翼，乱糟糟的，总之是个可怕的年代啊。

——这是您时隔多年再次为富士电视台写电视剧吧，虽然是单

元剧，时长却不短。

三谷： 连放三个晚上，加起来得有 8 小时左右吧。富士台的工作人员跟我说，为了纪念 50 周年台庆，想"拍一部大型的电视剧"。

我一直惦记着要写一下那个时代，加上制片人拜托我"不要写成一个美好而怀旧的时代"。那个时代被写进作品时似乎总带着一层茶色的滤镜，但这样做很奇怪，因为那个年代有它自己的颜色。如果 100 年后的人拍摄我们这个年代时也在画面上加一层茶色滤镜，我们也不会乐意吧。所以制片人才拜托我按写现代剧的方式去写那个年代，我也没有让故事往"那个年代真不错"的方向发展。《新选组！》也不是用现代人的眼光来写幕末，而是站在生活在幕末的人们的角度去描绘那个时代。

——看幕末题材的电视剧会觉得"那时真穷啊"，但这话其实是站在现代人的角度说的，幕末的老百姓可不觉得自己有多穷。

三谷： 是的。我和经历过战争年代的人聊过，有些人在空袭的地方离自己还比较远时没急着避难，就在原地欣赏，觉得空袭的景象很美。石坂浩二先生说过："即便是空袭的时候，我也没出浴缸。"空袭对那时的人来说已经是家常便饭了，编剧也得有同样的感觉，用同样的眼光去打量昭和年代。

——整部剧主要围绕主角八女政子来写，从她年轻时算起大约 20 年的经历是全剧的中心。《阿甘正传》（*Forrest Gump*，1994）表现了美国战后的繁荣，看《阿甘正传》的时候我就想，有没有哪个日本人也能这么走马观花似的带我们看一看日本战后的样子呢。

三谷：还真的有点阿甘的意思，八女一家和阿甘一家挺像的。

——还有，从摔角手力道山开始，接连有很多名人在剧里露脸。和《阿甘正传》把历史事件的录像拼接进电影里不一样，《我家的历史》都是请了演员扮演名人，并且把他们一个个放进故事里的，这点很有意思。

三谷：我把那个时代的名人都列在了一张表上。本来我想让他们全部出场，从"在那个时代奋斗的人们"这个角度写他们，但限制还是太多了。比如三岛由纪夫就很难写，后来换成了远藤周作。

——八嶋智人演的远藤周作和藤原龙也演的手冢治虫真不错。八女家的女儿还成了手冢治虫的助手，这种把名人和主角们联系起来的安排随处可见。

三谷：我还想让暗杀肯尼迪的奥斯瓦德（Lee Harvey Oswald）出场呢，他当时参军，就驻扎在横须贺。我写的第一稿里，奥斯瓦德在银座被黑帮的人狂揍一通，幸好"我家"的某个人出手相助，奥斯瓦德道了声谢就离开了。不过奥斯瓦德的后人虽然还在世，但行踪不明，没有他们的许可，就算拍出来了也不能播。

——要取得名人后人的许可，还要花工夫还原名人们的真实样貌，稿子还免不了要反复修改。为了拍这 8 个小时的成片，花了不少时间吧？

三谷：光剧本就花了一年吧，拍摄也用了半年。不过，因为我很喜欢历史，所以有真实的历史人物出场的戏我总是会比较较真，导致多花了一些时间。比如吉田茂 [53] 在剧集尾声出场的时候戴的竟然不是夹鼻眼镜！扮演他的角野卓造虽然看起来和吉田首相本人一模一样，但没有那副夹鼻眼镜就是不行。吉田茂的粉丝肯定没办法接受。

—— 吉田茂还有粉丝？

三谷：我就是嘛（笑）。年轻的工作人员可能都不知道什么是夹鼻眼镜。

◎ 剧情在政子成为夜总会经营者鬼冢的情妇时有了巨大的发展。八女家举家搬到东京、新生命诞生、鬼冢患病……

三谷：因为写的是情妇的故事，所以收到了很多投诉和抱怨。那个时代就是这样的，这种事也是有的。

—— 以情妇为支柱的家庭，或者说靠着家里有人做情妇才有饭吃的家庭也是有的嘛。我觉得比《海螺小姐》（1969）这样从模范家庭的角度看整个时代的设定要好。西田先生扮演的父亲创业屡战屡败，甚至从国外请回了一头大象。

三谷：虽然被人说"从国外请回大象什么的不可能的啦"，但事实上真有这么一个人。剧中还有一个场景：政子深夜从夜总会下班回家，从家里二楼半开的窗户里垂下来一根绳索一样的带子，这根带子的一头系在正在二楼熟睡的父亲脚上，一拉这根带子，父亲就会醒过来下楼开门。这场戏也是有原型的，看成片的时候我就禁不住想，真实的故事里就是有一股劲儿。这种设定编剧可想不出来，虽然奇怪，但反而怪得真实。

在那之前我都只靠从书本上学到的知识写剧本，把这件听来的真事写进《我家的历史》，看了播出来的成片，我才第一次知道采访和倾听的重要性。

—— 这个想法有什么契机吗？

三谷：我这人特别怕麻烦，不擅长跟人打交道。不过写了《我家的历史》之后，我开始觉得走访剧里的街区、呼吸那里的空气、向那里的人们实地取材是件很重要的事。所以说我还有不小的潜力嘛，因为到目前为止我还没怎么用过采访这一招（笑）。

15

有顶天酒店

（2006）

★ 从狭小老旧的旅馆到华丽的豪华酒店

★ 连续的一景一镜被说成是卖不掉的东西

★ "拍出让全日本观众看得高兴的电影"

◎ 三谷先生执导的第三部电影大受欢迎。舞台设在华丽的酒店，演员是全明星阵容，相当具有话题性。本作的票房成绩在日本本土电影中也十分突出。

三谷：还在写剧本的时候，我对舞台的想象其实是一个狭小老旧的旅馆。所以就像要拿到小剧场上演的舞台剧一样，我打算起用一班说不上当红但演技一流的演员，拍一部虽然朴素但是有意思的作品。就是那种只会去一个电影院做路演宣传的电影，一开始是这种感觉。

——那后来是怎么变成这么豪华的酒店和演员阵容的呢？

三谷：我一边看着角色一边想每个角色适合的演员，最后发现写下来的好多都是大明星，挨个问了一遍，其中大多数人都接下了邀约，所以才变成了了不得的全明星阵容。因为是这么豪华的阵容来演，所以我就想把背景换成豪华酒店了，这样一来虽然预算肯定多出很多，但是整个企划的规模也比我之前想的那个大多了。

——说起来这个舞台设定和阵容，比起您的上一部作品可要豪华不少啊。

三谷：前两部导演作品一部改编自舞台剧（《广播时间》），另一部是我自己的体验（《大家的家》），都在我兴趣的延长线上。《有顶天酒店》却不知道为什么变成了一部大制作。结果票房成绩十分喜人，我觉得这是决定把《有顶天酒店》拍成全明星大制作的制片人的功劳，就连一些配角和路人角色，他都贯彻了全明星的宗旨，营造出盛大的节日气氛，让整部电影看起来闪闪发光——虽然这和我一贯的风格并不一致。

◎片名"有顶天酒店"取自两部 20 世纪 30 年代的美国黑白电影《大饭店》和《摇摆乐时代》（*Swing Time*，1936）[54]，主角是除夕夜[55]到新年的两小时之间，在阿万蒂酒店（Hotel Avanti[56]）里的人们，整个故事正是参考了《大饭店》的形式[57]。

登场人物包括 17 名酒店工作人员、15 位客人、16 位艺人（包括乐队），还有 8 个其他角色（例如脸色苍白的出租车司机），一共 56 位演员参演。

具体角色包括饰演主角酒店副经理的役所广司、服务生香取慎吾、女仆松隆子，客人则有政治家佐藤浩市、演歌歌手西田敏行、出入酒店的妓女筱原凉子，除此之外还有唐泽寿明、津川雅彦、户田惠子、原田美枝子、生濑胜久、伊东四朗、小田切让、角野卓造、麻生久美子、YOU、寺岛进、尖叫的女人高岛彩……光是罗列名字都太长，无法一一列举[58]。总之，各色人等交替出现，或喜或悲或带着某个决定来度过这一年中的最后一天。

除夕总有种悲伤的气氛。虽然华丽无比，但又好像要和什么作别，这部华丽的作品里飘着这么一丝淡淡的愁绪。比如香取慎吾扮演的服务生，在除夕这天辞掉了酒店的工作，同时也放弃了音乐的梦想。但因为酒店人手不足，除夕这晚他还是留在酒店帮忙，偶遇了以前同班的女生，在她的鼓励下为这晚住在酒店的大牌演歌歌手弹唱，并以此为契机重拾音乐之梦。像这样，有人为未来下定决心，有人和过往挥手告别，一个个这样的片段组成了全片。

共有 407 万人到电影院观看了本片，全日本大概每 25 个人就有一个贡献了票房（其中应该有很多人看了不止一遍吧）。

——这部片当时可太红了，红了之后对你有什么影响吗？

三谷：从这部片开始，我对电影的看法就变了。前两部片是我觉得拍得高兴就够了，这一部竟然有这么多观众来看，我就想以后能拍出让全日本的观众看得高兴的电影了。

我自己觉得有意思的东西就用舞台剧来表现，拍成电影的得是能让好多人都觉得有意思的东西。现在的我有机会做这样的工作，必须抓住才行，还有很多兴致勃勃的观众等着呢。在

这之后，挑什么题材，选什么演员，都是围绕让观众看得开心
这个目的来考虑的。

　　票房成绩真的不得了，在当时排进了日本国产电影历
史票房的前十名。进前十的多是《跳跃大搜查线 THE MOVIE》
（1998）这样的电视剧剧场版和漫画的剧场版，几乎没什么剧本
完全原创的电影。这让我很骄傲。

——这部片子里也用了不少长镜头，除了导演的工作之外，您
好像还负责了剪辑工作？

三谷：虽说有专门的剪辑师，不过现在的日本电影里，导演一
般都会参与一部分剪辑工作吧。

——北野武导演的随笔集里提到，剪辑师跟他抱怨说片子的某
一段"不可能这么剪"，他还据理力争了一番。您没有遇到过这
种和剪辑师争执的情况吗？

三谷：因为是长镜头嘛，本来就没什么剪辑（笑）。《有顶天酒
店》几乎做到了"一景一镜"，所以剪辑师才没什么出场机会，
场景和场景间只是机械地连在一起。不过也因为是这样，我才
和剪辑师上野聪一有很多讨论（其实是争论啦）。

　　"不好意思，这个卖不掉。这个不叫电影，不能拿出去
见人。"

　　都被说到这个份儿上了。上野先生很值得信赖，说的话基
本都是对的。

　　"但是我写剧本的时候，脑子里就是这个拍摄手法了。用这
个手法拍出来，也把画面拼起来了，就算你跟我说这样卖不出

去，我也没办法想出别的形式了。"

听了我的意见，上野先生说："就算是长镜头也能剪，这样片子看起来会更有节奏感。"

——是让不同场次的画面合在一块儿，起到转场的效果吧？比如在第 15 场戏中间稍微插入第 16 场戏的画面。

三谷：没错。就是想用这种"与此同时，另一边如何如何"的镜头来把握节奏，不然看起来就不像电影了。但这样一来就跟我想做的东西不是一回事了，所以我甚至想过"管他呢，不是电影就不是电影吧"。

——一般都是因为剪得太多了，画面都连不到一块儿了才会引起争议，您正好相反，是因为长镜头里的画面太连贯了。

三谷：正是如此。但即便这样，我也不想中途更换拍摄手法。

——不过这部电影没有"一景一镜"的那种违和感。一向崇拜搞笑艺人的总经理（伊东四朗 饰）出于好玩的心态，把来参加除夕演出的艺人的白粉涂在自己脸上，然后发现怎么也弄不掉。在那之后，顶着一张白脸的伊东先生就时不时地露一下脸，然后又迅速躲起来。在长镜头里也穿插着这样的短镜头，所以丝毫不会有不自然的感觉。

三谷：是因为短镜头还挺多的吧。看的时候不会觉得大多数画面都是长镜头拍的。

我之所以执着于使用长镜头，是因为这部电影讲的是发生在除夕夜里两个小时之间的故事，我想让现实的时间和电影里的时间同步，就像纪录片一样。像是偶然把摄影机放进了除夕这天的酒店里，同时拍下酒店里各色人等身上发生的故事。我不想过多地窥探出场角色们的内心世界，所以才不做过多的剪辑，就是把实际出现的东西和发生的事情拍下来，连起来，用到电影里。这才让人有身临其境的感觉。

——即使是想着重强调什么的时候也是这么拍吗？比方说想强调一只玻璃杯，一般会剪一个玻璃杯的特写镜头。用长镜头来强调的话，可能就是镜头稍微往玻璃杯的方向靠一靠？

三谷：想重点表现某个人物的时候也不会专门给他一个镜头，就是让演员稍微走近摄影机而已，我觉得在这部电影里就应该用这种方法，虽然我觉得其实可以拍得更好啦。

——我也很喜欢长镜头，长镜头让我有身临其境的感觉。

三谷：还有就是看的时候，心情和镜头一样也是连在一起的。镜头一换，注意力可能马上就被带走了，长镜头就不会有这个问题。我之后还会在长镜头上花更多心思。

16

魔幻时刻

★ 根据模型写作

★ 因为有限制，才能创作

★ "一开始脑海里浮现的画面是在建筑
　　物外头用蹦床跳上跳下的佐藤浩市"

◎ 日落之后、残阳若隐若现、余晖将熄
未熄的时分——

　　电影术语里把这段极其短暂的时间
称作"魔幻时刻"（magic hour）。

　　影子是拍摄的天敌，在这段短暂的
时间里，光源消失，所以影子出不来，
摄影机可以拍出既非昼又非夜的画面。

三谷：拍《有顶天酒店》之前，我大概
是四五年拍一部片。我的本职是编剧，
没想过要转行专门当导演，所以觉得按
奥运会的节奏来拍片就可以了。

　　不过，从《有顶天酒店》到下一部
《魔幻时刻》的间隔是两年，在那之后
也保持着两三年一部片的节奏。感觉在

（2008）

这个节奏下，拍一部片的时候就已经同时在构思下一部片的内容了。

——这跟《有顶天酒店》的爆红有很大关系吧？

三谷：我这么说可能有些奇怪，不过如果有那种即使知道观众不会买单，也愿意出钱让我拍电影的人的话，我一定会想拍一部"我自己100% 愿意买单"的作品。拍出来的东西肯定不怎么惹眼吧（笑）。

◎《魔幻时刻》于 2008 年 6 月公映，我非常喜欢这部电影。

　　故事发生在一个名叫"守加护"的海边小城，一个名叫备后登的男人（妻夫木聪 饰）和黑帮老大天盐幸之助（西田敏行 饰）的情人高千穗麻里（深津绘里 饰）好上了，他必须找到传说中的杀手富坚，才能挽救自己的性命。但是，他没能找到杀手富坚，反而带回了一个轻佻的不卖座演员村田大树（佐藤浩市 饰），说他就是杀手富坚。原来，备后告诉村田自己在拍一部动作片，想邀请村田演"杀手富坚"这个角色，村田喜出望外地答应了。于是，村田一直被蒙在鼓里，相信那些真正的黑帮都是演员，相信小镇上的建筑都是拍摄地的布景，还相信暗处有摄影机记录下了他的一举一动，所以就把黑帮成员都当成演员对待了。备后在村田和黑帮老大之间来回走动，不断撒谎又一次次圆谎，整个就是一部吵吵闹闹的喜剧。

　　在作品中使用这种"戏中戏"结构来模糊现实与虚构界线的导演不在少数，但少有人取得成功。即使电影的原著小说是这种设定，但等到搭好布景、找好演员，拍出来一看还是很不自然。我接下来这话可能有点绕：电影里描绘的"真实世界"本来就是人为构造出来的，现在还要往里面加入"戏中戏"这么一个虚构场景，既容易陷入混乱，演员的表演也会动不动变得很夸张。

而且《魔幻时刻》的出场人物众多，人物关系也随着剧情发展愈来愈复杂。我看的时候还一度有过"咦，这里不是乱套了吗？／出纰漏了吗？／前后矛盾了吗？"的担忧（真的有纰漏就不会上映了）。不过，所有的谜团最后都收到了一起，电影里的现实和电影里的电影（这话绕的）都迎来了大团圆的结局。在这部作品里能看到三谷先生对电影的爱。

本作也请到了全明星阵容，饰演导演一角的竟然是市川昆[59]导演！

三谷：拍摄时最让我高兴的是市川昆导演愿意参演。上映后最让我高兴的是市川森一先生在《电影旬报》上写了一篇关于《魔幻时刻》的文章。

"看这部片的时候，我陷入了一种错觉之中——'我也想写出这样的剧本。不对，难不成现在正在看的这个原创剧本就是我自己写的吗？'"到目前为止所有关于我的电影的评论中，这是最重要的一句话。

日本的电视剧和电影不都是现实主义的吗？山田太一、向田邦子、桥田寿贺子都是这样，仓本聪稍有点不同。不过电视剧主要还是在描绘现实的东西，市川森一先生却往里面加入了幻想，不是做梦那种幻想，而是把虚构的世界搬进了电视剧之中。

之前聊电视剧的时候我提过的《寂寞的不止你一个》和《城市物语》(日本电视台)也是这样。川谷拓三饰演小教堂里的牧师,桃井熏饰演突然来到教会的夜总会歌手,这是一部发生在两人之间的恋爱剧,而这种设定在这之前的日本几乎是没有的。这是以前好莱坞电影的设定,而把它带到日本的正是市川森一先生。我想,正因为《魔幻时刻》是一部把虚构世界搬进现实世界的电影,所以他才会说像"在看自己的作品一样"。我非常欣赏市川先生的幻想世界,所以想在自己的电影里让这个世界继续存在下去。

——您的剧本中有不少都是把虚构世界搬进了现实世界,不过《魔幻时刻》却是发生在虚构小镇上的完全虚构出来的故事。

三谷:比起被评论家们批评,我还是更想被他们夸一夸的。不过像《魔幻时刻》,还有接下来的《了不起的亡灵》这样加入了幻想元素的作品,虽然观众能接受,但评论家们却丝毫不买账,给《魔幻时刻》好评的就只有市川先生一个人。评论家们好像甚至不允许出现黑帮和幽灵,这接受度可真够低的。

——这样的话,他们大概就只能接受宫崎骏的动画了。

三谷:拍成动画他们可能就接受了。

——不过我一直觉得也许没有日本人能拍出像《魔幻时刻》这样的奇幻喜剧。即使有了类似的企划,也可能会被否决,即使没被否决,剧本也可能出现很多漏洞。

三谷:是因为我作为导演的能力还不够好啊。原本应该能拍得更有趣的，但是没有导演愿意接这个剧本，所以我就只好自己拍了。如果我导演的能力再好一些，整部作品的质量也会有所改观。

—— 您是如何设计这个剧本的呢？

三谷：这部电影首先确定的是佐藤浩市会参演，而不是一开始就把故事想好了。其实我原本对佐藤先生并不是很感兴趣，看了他在《新选组！》里演的芹泽鸭才惊觉"这是一位好演员啊！"。试着和他交流了一下，发现他为人相当洒脱，也很有幽默感，于是就邀请他演了《有顶天酒店》。他在《有顶天酒店》里的表演也十分有趣，我就想"下次就以这个人为主角来拍一部电影吧！"。所以拍《魔幻时刻》时，我一开始考虑的是让佐藤先生演一个什么样的角色才能拍出有趣的东西。

只是私底下说说，《魔幻时刻》里那个名叫村田大树的演员和佐藤先生还挺像的（笑）。拍摄的时候我向他提意见时也是，我说"佐藤先生，这句台词不是这样，要多带点怎样怎样的感觉"，他就会回"啊，那样啊，OK"（笑）。很像小孩子，又很不服输。这样的佐藤先生相当有魅力，但世人却不知道他的这一面。这部电影为的就是把他的这一面拿到台前来，这就有了村田大树。

接下来考虑的是让他经历什么样的冒险。其实写剧本的时候都是从这里开始考虑的，不过以往的角色多是虚构的形象，这次我能直接想到"佐藤在建筑物外头用蹦床跳上跳下"的画面，从房间里看出去，他就像在窗户外面时隐时现一样，我很想看到这样的佐藤浩市。

于是我思考的起点就换成了"为什么他会在窗户外面跳上跳下"。让这个画面成立的故事是什么样的？

说起来和考古挖掘的工作挺像的。发觉土壤的表层好像埋着什么东西的碎片，为了搞清是什么，就得挖开旁边的土，然后才惊觉原来刚刚看到的是恐龙的骨头！

——不少小说家也是从脑海里浮现出的画面开始联想的。不过为什么非得是在蹦床上跳上跳下的佐藤浩市呢？

三谷：因为底子还是喜剧吧。之前也说过，我最喜欢冒牌货打倒真家伙的故事。虽然之前已经在《不平凡的勇气》里写过一次了，但还是想亲手再写上一次，所以就有了这个不卖座的演员被卷入黑帮争斗，最后大出风头的故事。

而且，我大学时读过的一则新闻也给了我一些提示。说是很久以前，有一个黑帮要去敌对的黑帮谈事情，但组员不够，他们就以拍电影为名，把前来试镜的演员当成组员带了过去。结果伪装被前来应聘的演员拆穿了，计划宣告失败，但我却一直觉得"这件事也太有意思了"。拍摄之前我还想把新闻再找出来看看，不过没找到。但是它一直留在我的记忆里，我一直想把它拍出来。《魔幻时刻》的原点就是这则新闻。

还有拍《有顶天酒店》时合作的美术指导种田阳平先生。我一开始设想的舞台是便宜的旅馆，但在和种田先生讨论的过程中，这个旅馆渐渐膨胀，有旧馆、新馆、连廊等等，一下子就膨胀成了大酒店。我一边看着种田先生制作的模型，一边思考"在这个酒店里会发生什么样的故事"，一边重新推敲情节。然后反过来请种田先生看着情节再推敲舞台设定，如此循环往复，直到完成整个故事。也就是说，我是照着舞台设定在写剧本的（笑）。

《有顶天酒店》完整造出了一个酒店，所以就想试着在《魔幻时刻》里完整造出一个海边小城，小城的名字"守加护"是芝加哥的谐音[60]。看着种田先生画的海边小城平面图，我浮想联翩：这里是剧场，对面是黑帮老大的事务所。种田先生把我的设想画到图纸上，我又开始想象不卖座的演员佐藤浩市突然闯进这座小城时，会有什么样的故事等待着他。我的思考总是和美术指导的模型和画稿步调一致，所以说这次是照着模型在写剧本的。

—— 也就是说，一开始是没有剧本的？

三谷： 一开始只有一些模模糊糊、含混不清的画面，我把这些画面口述给种田先生，他画下来。这种创作方法也沿用到了《了不起的亡灵》里。

——《魔幻时刻》和《了不起的亡灵》里都包含谜团，后面必须给圆上才行，这也是后来才构思的吗？

三谷： 最后必须有一次微调来让谜团都圆上，不过在那之前主要都是"发掘"的工作。

"想让佐藤浩市在建筑物窗边的蹦床上跳上跳下"是一件道具。

"以前读过的有趣新闻"是一件道具。

"种田先生的模型"又是一件道具。

这些道具最终连成一条线。

我觉得我不是在创造什么东西，而是不断地去接近一些已经存在的东西。

—— 慢慢靠近被埋没的东西的感觉？

三谷： 就好像有人跟我说"你用这三件道具去写一个有趣的故事吧"，于是我就试着去寻找这个问题的标准答案一样。

—— 您是那种会根据不同的前提条件去找到想写的故事的作家欸。

三谷： 应该就是这么回事。所以我完全不适合写小说，因为小说"怎么都行"，太自由了，写多长都行。但电影再长也就两个小时多一点，电视剧则因为要插入广告，所以必须把一集分成三四个部分。正因为有这样那样的限制，我才能创作。我从很久之前就开始有这种感觉了。

—— 限制型作家。

三谷： 大概吧。

◎ 三谷先生下一部作品的幻想色彩就更浓了。

17

了不起的亡灵

（2011）

★ 袜子里不存在幻想

★ 喜剧演员深津绘里

★ "99% 的逻辑为的就是突出那 1% 破绽的魅力"

——从《有顶天酒店》开始，我们用和三谷电影上映差不多的节奏回顾了您导演的作品，不知不觉间这已经是第五部了。

三谷：这部电影和《魔幻时刻》一样，也是从一个模糊的画面开始创作的。那个模糊的画面是一个幽灵压在律师身上，律师从下面抓住幽灵的手腕大喊"请你出庭作证！"……这是我在遛狗的时候想到的，觉得好有趣啊（笑）。推敲这个画面的过程中，律师被设定成女性，幽灵被设定成落武者[61]，又分别变成了深津绘里和西田敏行两位演员。

为了把这个想法变成成形的企划，我在拍《有顶天酒店》的时候就写过提

案，但是被否决了。拍《魔幻时刻》的时候又提了一次，还是
被否决了。否决理由和当初否决《不平凡的勇气》的理由差不
多："法庭戏不会红，幽灵不会红，喜剧也不会红。把这三个元
素加起来，这部电影不可能会红。"制片人断定："《有顶天酒
店》之所以大受欢迎，不是因为它的喜剧元素，而是因为它是
一部热热闹闹的全明星电影。"

　　不过第三次提案的时候，制片人给开了绿灯，有机会拍一
部这样的电影，我觉得很幸运。

◎ 菜鸟律师宝生惠美（深津绘里 饰）担任因涉嫌杀妻而被逮捕
的男人矢部五郎（KAN 饰）的辩护律师，矢部唯一的不在场证
明是在旅馆"被鬼压床了"！宝生前往乡下的旅馆，真的"见到
了"对矢部鬼压床的落武者更科六兵卫（西田敏行 饰）[62]，但
是其他人却看不到他……惠美把落武者带到法庭作证，但是谁
都看不见他（也就是说证人席上看不到人影），这遭到了检察官
小佐野彻（中井贵一 饰）的猛烈抗议。然而，小佐野其实可以
看见落武者的幽灵……

　　2011 年 10 月上映的这部《了不起的亡灵》汇集了三谷式故
事的种种要素，大概可以视为"三谷喜剧故事"的一件完整作
品吧。

　　《魔幻时刻》体现了虚构和幻想的魅力，《了不起的亡灵》
里则有人类律师能看到落武者幽灵这样的"科幻"设定。奇幻
发展为科幻，而且落武者和敌人战斗的场所还是和《12 个温柔
的日本人》《不平凡的勇气》一样的"法庭"，影片后半段法庭
剧的色彩也是愈来愈浓。

这是一部"法庭科幻悬疑剧"，承载这些元素的底子是喜剧。以喜剧为底料，往上放这么丰盛的配料，能做出这么一道菜的编剧大概全日本都找不到吧（找到的话请告诉我，我想写一本关于他的书）。

虽然阵容和前作相比毫不逊色，但这可能是三谷电影里第一部突显"主角"的作品。深津绘里饰演的主角惠美几乎无处不在，电影不仅描绘了她日常的生活，还细致描绘了她和同居恋人工藤万龟夫（TKO 组合的木下隆行 饰）分手的经过，这在一般不深入描绘出场人物私生活的三谷群像剧里十分少见。

插句题外话，三谷先生透露起用搞笑艺人木下隆行的原因是："看了科恩兄弟导演的《冰血暴》（*Fargo*，1996）之后，对'五大三粗的丈夫和身形娇小的妻子'这一组合印象深刻。"

上映两天后，全日本的观影人数达到 39 万人，在日本电影学院奖获得多项大奖提名。同一时期，本片在纽约的学院剧院（Academy Theatre）举行美国首映。

——所以是对一开始的画面不断地进行再加工吗？

三谷：虽然从脑袋里浮现出那个模糊的画面到最终定下企划大概花了 5 年的时间，但是实际拍摄这个画面的时候……当我以导演的身份看着深津绘里抓着西田敏行的手腕，大喊"请你出庭作证！"的时候，虽然不到感慨万千的程度，但还是觉得很不可思议。

——按照最初的构思，您的想法是把看不见的东西带到法庭上吗？

三谷：如果要把我从小就喜欢的法庭戏和喜剧结合起来的话，我最先想到的元素就是幽灵了。不过，除了"证人是幽灵"这一点之外的部分我都想按照正经的法庭戏拍。为此我还没少向律师请教：

"让幽灵出庭需要什么手续？"

"您在说什么啊，这不可能。"

"假如啦！假如有幽灵要出庭，该怎么做？"

"这，不，可，能。"

死缠烂打过后唯一的收获如下：

"倒有一种情况是证人没有日本国籍。"

"也有过在法庭上播放已经不在人世的证人的录音这种案例。"

有了这两句话，我就过了自己这关。让幽灵出现在法庭上的手续已经办齐了。

——这部作品的幻想色彩比起前作还要更浓吧。

三谷：我一直很纠结现实和幻想的比例。无论站在导演的角度还是观众的角度，我都觉得可以用任何元素来表现幻想。我在拍《有顶天酒店》和《魔幻时刻》的时候，也是逐渐试着增加奇幻元素的剂量，以观察观众的反应。然后我才明白，即使做到现在这个地步也能被接受。我不是艺术家，不想拍出那种自己想拍，但观众却不愿意看的作品，所以这种检验对我来说是必要的。

不过，制片人竟然真给《了不起的亡灵》开了绿灯啊，大概是因为《有顶天酒店》和《魔幻时刻》的票房成绩都很不错吧。

——《了不起的亡灵》内容相当充实，属于复杂的一类片子吧？

三谷：在我看来，它是一部幻想剧，也是一部悬疑片。不是"凶手是谁""手法如何"这种推理意义上的悬疑，幻想本身就是它悬疑的来源。为什么只有律师能看到落武者的幽灵，而其他人都看不见呢？必须要有充分的理由来解答这种幻想的谜团。

——既是幻想剧，又是悬疑片啊。

三谷：我是理科思维者，没法接受逻辑上说不通的地方。所以过我自己心里的那道逻辑关很重要，这个过程其实蛮愉快的。

——解答"为什么能看见幽灵"这个谜团时，比起您刚才说的逻辑，还是想象的部分更吸引人啊，那也是剧情的关键。

三谷：所以很难权衡它和讲逻辑那部分的比例。

——电影里展示的"看见幽灵的三个条件"是什么时候、通过什么方式想到的呢？

三谷：一开始我和制片人就"幽灵能被多大范围的人看到"这个问题有过一次讨论，这是整部电影必须先回答的一个问题。我们最初的设想是"所有人都能清楚地看见幽灵"，任何人都可以看到落武者，但因为是已经死掉的人，所以拿心电图仪测心率的时候没有反应。刚开始我们觉得这个设定还挺有趣的：当全身插满箭的落武者走进法庭时，人群炸开了锅。但是当以这个有趣的点子为开端往下写时，却渐渐觉得无趣了。

因为这样一来就不必是幽灵了，换成从古代穿越过来的武士不也可以吗？这可不是我想表现的那种有趣。如果主角是从战国时代穿越到现代日本的武士，那么表现他受到的各种文化冲击会有趣得多吧。

想着从头来过，于是打电话告诉制片人我要放弃之前的方向，反过来让大家看不见幽灵。但是律师主人公又必须得看得到他才行，所以我就开始考虑"看得到幽灵的人和看不到幽灵的人有什么区别"。如果只满足一个条件就能看到幽灵，那人数未免太多，所以至少得满足三个条件才行。

最后确定的三个条件是：

1. 正处于人生的低谷。

2. 最近曾切身感受到死亡。

还有一个条件我怎么也想不出来，于是多番调查，发现了一种说法：肉桂这种香料会促使幽灵显现。

所以第三个条件就是：

3. 喜欢肉桂。

——我很喜欢第一个条件欸。标准相当模糊，全看一个人自己的心态。就算是大公司的老板也可能处在人生的谷底。这个设定不错。

三谷：你说得没错。

——筱原凉子在《有顶天酒店》里演的妓女角色在本片里有个一闪而过的镜头，也就是所谓的友情客串吧。她和落武者擦肩而过的时候是看得到幽灵的，说妓女处在人生谷底可是有些失礼啊（笑）。

三谷：（笑）她是被之前交往的男朋友卖去当妓女的吧，而且还因为火灾留了疤，真挺惨的。

—— 您一开始写这个故事时，考虑的是"因为 ×× 所以能看见幽灵"，也就是从接近主题的地方开始构思。之后又依次经历了"所有人都能看见幽灵""不能让所有人都看见幽灵""但总有人需要看见幽灵""怎样才能看到幽灵"这样条理清晰的思考过程，这是因为你的理科思维吗？

三谷：理科就喜欢"有标准答案的东西"。不是从零开始凭空想象，而是去寻找那个已经存在于某处的答案。神已经完整写下了"幽灵出庭"的故事，我所做的只是尽量地去接近这个故事。

我自己很喜欢的是影片后半段深津绘里和中井贵一在印度餐厅对峙的那场戏，蜡烛一个接一个熄灭，深津绘里依次说出看到幽灵的三个条件，这很像悬疑剧里诘问凶手的场景，而我在里面加入了幻想的元素。

—— 剧本上没有什么破绽吗？比如拍到一半觉得哪里说不通之类的。

三谷：没这回事，破绽也有破绽的魅力。这部电影的 99% 是我用逻辑写出来的，为的就是突出那 1% 破绽的魅力。

比利·怀尔德的《爱玛姑娘》里，主角杰克·莱蒙历经波折，进了监狱，后来在越狱的时候突然铆起劲来，用双手把铁栅栏都掰弯了，这可一点都说不过去。不过当还是学生的我坐在池袋的文艺座看到这个画面时，周围的观众疯狂地鼓起掌来。我就是在那个时候体会到"破绽之趣味"的。

正因为之前都是按照逻辑拍的，所以故意卖的破绽才显得格外出彩。既不能随随便便出现破绽，也要注意选好时机。为了控制好这个破绽，我认真地写下了整个故事的99%。比起铺得整整齐齐的地毯，我觉得还是鼓起来一个包更能让人驻足，不过得好好计算那个鼓起来的地方的大小才行。有时候是故意卖破绽，如果再多些思考，说不定就能想到符合逻辑的剧情，但却故意不这么做。

不过《了不起的亡灵》有个大破绽：剧情进行到高潮时，解开了所有谜团、了解了全部真相的惠美在最后的审判里诘问凶手，但西田敏行饰演的落武者这时却已经回到天国，不在法庭上了。这的确是个纰漏。虽然正是因为落武者回去了，律师才能努力接近真相，但我后来还是觉得两人合力闯过种种难关，直到真相大白，这才是这个故事应该有的样子。

高潮戏之前主要角色却消失了，我认为这是个破绽，知道是个破绽，却偏要这样做。虽然不清楚效果如何，但从企划一方的角度看，因为把这一段放在了全片将近结束的地方，所以顺利地让观众产生了"欸？落武者要在这个节骨眼儿回天国吗？"的不安感。

——您喜欢"没用的"女律师一个人努力到最后，得到了成长的这种设定吧，从这一点上看，落武者消失倒是件好事。

三谷：好吧，那这个破绽可能还卖得不错。但是还有一处破绽，惠美在律所的前辈速水悠（阿部宽 饰）突然死掉了（笑）。这可是个大问题，死得也太不自然了。要说原因，其实是因为这个角色的设定是个年老的大叔，形象类似藤村俊二那种的，所以后来即使换成了阿部宽，设定本身也没变。

——速水和惠美经常在事务所聊天，观众可能都以为他们是恋人关系了，没想到速水中途随随便便就死了。

三谷： 太唐突啦！不过也很有冲击力吧。阿部宽演得真好，演得轻描淡写，整个角色也轻飘飘的，让观众不必投入感情。如果是换一位更有生活气息的演员来演，观众就会想"速水也有家人，他死了家里人可怎么办哟"。阿部宽就不会让人有这种感觉（笑），这样的演员可不多见。如果是佐藤浩市来演，速水的死就太真实了。唐泽寿明倒是可能轻描淡写地演出来。

在这一点上，中井贵一也特别优秀，充满了不真实感。

——饰演检察官的中井贵一在审判中不停地说："抗议！证人席上根本没人！"但他其实完全看得到证人席上的幽灵，只是假装看不到而已。这演技绝了。

三谷： 他就处在虚实之间嘛。选角也是，既不能选太有现实感的演员，也不能选太脱线的演员，所以汇聚一批处于虚实之间的演员也是这部电影成功的关键啊。

——对于《了不起的亡灵》来说，剧本和演员演技都需要不断调整和推敲吧，这可是要把幻想元素带到相当真实的法庭里啊。一般来说都会把落武者的幽灵想去见恋人的后代一类的桥段放在高潮吧，如果真是这样，倒可能被影碟店放到科幻电影的架子上，不过您肯定更喜欢它被放到喜剧的架子上啦。

三谷： 我希望它被放到法庭悬疑剧的架子上哦（笑）。

◎ 三谷先生到底是怎么理解电影中的幻想元素的呢？话题自然地转到了这上面。

三谷： 在我理解的幻想类作品里，出场人物都必须穿着鞋子。

——鞋子？

三谷： 穿着袜子或者光着脚在家里走动的画面太没有奇幻的感觉了。

——应该不是因为幽灵都没有脚吧？

三谷： 跟那没关系。舞台剧也是一样，日本的室内戏里，大家不都穿着袜子或者拖鞋嘛。这样既不好看，穿着袜子走来走去还特别像《笑点》一开始的演艺角里的那些艺人。我时刻留意把舞台放在大家都能穿上鞋子的地方，比如《广播时间》里电视台的演播室、《有顶天酒店》里的大酒店、《魔幻时刻》里的海边小城，我想到的还有法庭，于是就用到了《了不起的亡灵》里。所以说我思考的一个原点就是"大家都能穿上鞋子的地方"。

——而这又是因为"如果不穿鞋子，就不存在幻想"？

三谷： 袜子里不存在幻想（笑），因为它是真实的日本人的象征。

——您的意思是因为袜子太有真实感了，所以才必须穿上鞋子，而不是说穿鞋本身有什么幻想色彩？

三谷：嗯，袜子里不存在幻想。

——啊，我明白了。而且还得是酒店、法庭这些要正经穿上皮鞋的地方才行吧。运动鞋或者凉鞋就不行了。

三谷：对。背景放在海边的房子就不行，那里也不存在幻想。必须穿上正正经经的鞋子，这点很重要。

◎ 最后我们聊了聊本片的女主角深津绘里。

三谷：我在电影版《西游记》（2007）里演了一个国王的角色，只有一个镜头，不过这也让我在休息时间有机会和饰演三藏法师的深津小姐搭话。我觉得她的风格和我的作品并不是很搭。我觉得她是符合《恶人》（2010）的世界观的演员（虽然《恶人》是在那之后才上映的），所以我实际上已经不认为我们会有合作了，但实际聊了会儿之后，我立即发现我们是有共同语言的。

——共同语言？

三谷：这对选角可太重要了。尤其是当我担任导演的时候，如果有那种要花上一个小时来理解我的导演手法的演员，和像深津小姐这样瞬间就能理解我的演员，那我肯定会选择后者，这样效率要高得多。不明白的人就是不明白嘛。

比如说有这么一个用吸管喝果汁的镜头，我觉得不用手拿而是直接把嘴靠过去衔住吸管会更有意思，但是一般来说演员还是会用手拿，我必须说一句"请别用手拿，直接喝"才行。

这可太要命了，因为演员演的时候根本不知道"不用手拿直接喝"到底哪里有意思。但是深津小姐会自己观察剧本和现场的情况，不必给她任何指示，她就知道不该用手拿，主动凑上去喝。即使你问我为什么不用手拿吸管更有趣，这里面也有我说不清的趣味，所以说深津小姐肯定和我有共通的语言，才能理解这一点。

——即便解释了也还是会有人听不懂吧，解释还很花时间。而且到了最后可能还是没法将那种微妙的搞笑感解释清楚。

三谷：深津小姐还有一点很厉害，就是从来不 NG。从没见她说错过台词。她在《了不起的亡灵》里的台词很多，但从没见她把剧本带到片场，也从没见她拿着剧本，她是把台词全背熟了才来片场的。当然了，她的表演也非常有趣。

所以我才写了《了不起的偷拍：完美接待员》（2011）这个剧本，告诉大家深津小姐到底是多么有趣的一个人。她和西田敏行的那场对手戏足足有 20 分钟，也是一次 NG 都没有，太厉害了。深津小姐的戏份贯穿了这部两小时的片子，而且还必须在两周内完成所有拍摄任务，时间紧任务重。但就是这样，她也是一次都没把剧本带到片场，一次 NG 都没有。

◎《了不起的偷拍：完美接待员》（富士电视台），是一部于 2011 年 11 月播放的两小时以上剧集。深津绘里饰演一个被房客们叫到房间里倾听他们抱怨和诉苦的接待员。能不失可爱又连珠炮般地说出三谷先生充满速度感的台词，深津绘里的喜剧气质可见一斑。

三谷先生说："这部剧在设定上并没有一个已经搭好的片场，而是设计成偷拍的方式，也是希望创造出一种新型的情景喜剧。"他自己也在片中饰演了一个有些神经质（或者说容易忧愁）的电影导演。

——您在电影里似乎总能把女性角色拍得很好，深津小姐当然也在其列。这是因为您的拍摄手法和女演员阵容都很有个性吧。

三谷：我又要提伍迪·艾伦了。我和伍迪·艾伦在女性的趣味上很相似，我很喜欢米娅·法罗（Mia Farrow），也喜欢朱迪·戴维斯（Judy Davis），还有萨曼莎·莫顿（Samantha Morton），再有就是黛安·韦斯特了。

——黛安·韦斯特就是在伍迪·艾伦的电影里一炮而红的，她可以说是伍迪·艾伦的电影女友了。

三谷：她演别人的电影总觉得缺点霸气，在伍迪·艾伦的电影里就有趣多了。我觉得伍迪·艾伦肯定会喜欢户田惠子的。

——你们笔下的女性形象很相似嘛。是理想中的女性形象吗？

三谷：这么说也没错。比如户田惠子身上那种不那么女人，但也不是男孩子气，倒有几分色气的气质，乱糟糟的说不清楚，不过我就喜欢这样的人（笑）。黛安·韦斯特不是什么代表性的性感女星，但也带着色气。

所以，伍迪·艾伦应该也会喜欢深津小姐，绝对会邀请她出演他的电影。

——深津小姐给人第一眼的印象是像米娅·法罗那样细腻的人，真的聊起来，虽然不像黛安·韦斯特那样不带停顿，但也相当能聊。

三谷：我真想让伍迪·艾伦见一见深津小姐，他也挺大岁数了，得赶紧才行。伍迪·艾伦应该没去电影院看过我的作品，所以我想见面的时候直接给他带张 DVD。

◎ 我在写作本书的时候想到，《了不起的亡灵》在纽约首映的时候，三谷先生真应该去拜访一下伍迪·艾伦。我也是伍迪·艾伦的粉丝，真想让户田惠子、深津绘里演一部米娅·法罗和黛安·韦斯特主演的《汉娜姐妹》这样表现姐妹关系的电影。

18

新·三个火枪手与其礼成心中

（2009—2010
&2012）

★ 人偶游戏是创作的原点

★ 挑战人偶技师之"能来个潜水泳法吗?"

★ "很想让技师操纵下憨豆先生的人偶"

◎ 越聊兴致越浓，我们的话题又来到了三谷先生新近创作的人偶剧和文乐（人形净琉璃）[63]上。"三谷幸喜"和"文乐"，两者看起来似乎毫无瓜葛，我以为三谷先生是从歌舞伎那里了解文乐的，没想到连接点在人偶剧这儿。这次的创作源头又要追溯到他的童年……

三谷：之前说过，我因为是家里的独子，所以很多时候只好跟人偶玩，家里有好几百个 1∶35 大小的模型。因为这些模型都是士兵，所以我只好开动脑筋把卓别林的脸啦，或者其他我想象出来的人脸画到它们脸上。G.I.Joe 人偶[64]也挺贵的，别的孩子最多就只有两个，我有十个。

生活实在很优渥，我甚至有个秘密基地。来我房间玩的小朋友看到我房间里的人偶和秘密基地时都有点被吓到了（笑）。这个人偶游戏后来慢慢变成了剧团的演出。独生子也是我的一个原点啊。

最近我又重新开始玩人偶了。你知道吗，现在的玩偶可厉害了！

——成年之后听到有人说自己"痴迷人偶"，总觉得有点不妙啊……

三谷：这事儿的契机是《有顶天酒店》大火那阵儿，东宝的人问我"有没有什么想要的东西"。虽说是因为电影大火而给我的一份赠礼，但我这个人没什么物欲，又不喝酒，所以实在不知道要什么好。这时候我偶然看到木枯纹次郎人偶的宣传广告，觉得很不错，就跟他们说我想要这个。自那之后，每当有人说要送我礼物，我就说要人偶。拿了好多呢，连我很喜欢的憨豆先生人偶都有。

别人肯定会觉得我都这么一把年纪了怎么还喜欢人偶，其实我只对电影角色或者历史上的人物感兴趣。我还很喜欢战国的武将，信长啦，秀吉啦，还有很多谁都不知道名字的武将人偶。（◎说着他拿出手机让我看了小丑和憨豆的合照、爱因斯坦和憨豆的合照。）像这样把两个人偶放在一起拍照，脑海里自然就有这两个人物同框的画面了，特别有意思。

——用人偶来练习想象力？

三谷：也没到这种程度啦，不过让憨豆站在爱因斯坦身后，就自然地有一股嘲笑权威的批判精神。

——还挺讽刺的。

三谷：我可不是那种把人偶买来摆上就会觉得开心的狂热手办迷，我只是想把电影角色和历史人物组合起来。

——因为您即使拍出了大火的作品，也请不来憨豆先生当主演嘛。

三谷：可不是嘛。而且憨豆本人动起来就跟人偶差不多，特别适合做成手办。所以憨豆和随便哪个人物的合照都很有意思。

——您游戏和工作的原点都是用人偶创作欸。

三谷：我想知道自己为什么喜欢微缩的模型，就去问了精神科医生香山里加，她回答说："大概因为你是那种想用俯瞰的视角看东西的性格吧。"

"摆弄模型的时候，就好像拥有了上帝视角，可以全盘掌握整个世界，大概这样会给你带来安心的感觉吧。"

听医生这么一说，我意识到还真是这样。虽然我是个家境优越的小学生，但在旁人看来，我是个受欺负、遭排挤的小孩，虽然当时的我并不这么觉得。我没怎么在人前提过，其实我小学的时候患过抽动障碍，虽然我不怎么记得了，但说不定我小时候内心的压力真的很大。

"所以反过来，只有在玩人偶游戏的时候，你才能造出一个符合自己想象的世界，所以才这么热心。"——听了香山医生的话，我才第一次明白了这点。然后这份热心就一直持续到了现在。小时候是把自己身上受到压抑的部分转移到了人偶上，现在就不同了，人偶对我来说变成了一项重要的道具。

◎ 少年时期用人偶玩具编故事的三谷幸喜这几年开始用人偶进行创作。

　　最初的尝试，是每集 20 分钟的人偶剧《新·三个火枪手》（2009，NHK 教育），改编自大仲马的原著小说《三个火枪手》，2009 年 10 月至 2010 年 5 月播出。三谷先生担任编剧，声优阵容包括池松壮亮（饰演主人公达达尼昂）、山寺宏一（饰演阿托斯）、江原正士（饰演阿拉米斯）、高木涉（饰演波托斯）、贯地谷诗穗梨（饰演女主角波那瑟夫人）、濑户凯瑟琳（饰演安娜王妃）、户田惠子（饰演米莱迪）。西田敏行为达达尼昂的父亲配音。

三谷：我当然也是从小时候起就喜欢看人偶剧了。放《新·八犬传》（1973）那会儿，我应该正在读小学六年级吧，当时最迷的是《三国志》，自己把玩的那些人偶就跟活了似的动了起来。所以 NHK 能邀请我写人偶剧，真是圆了我多年来的梦想。

　　如果我变回小孩子，会迷上什么样的主题呢？这么想了一会儿，我决定要拍三个火枪手，我很喜欢冒险的故事。

　　这部《新·三个火枪手》完全符合我的想象，我从人偶造型那一步开始就参与进去了。

——欸？编剧连这一步也要参与吗？

三谷：我从企划阶段就开始参与了。造型师当然也有自己的想法，不过所有的人偶还是尽量照着我设定的形象制作，就好像我造出了演员的脸一样。整部剧一共有 40 集吧，开头的 20 集是忠实于原著的，后面的 20 集有比较多的自由发挥，剧情也更适合大人观看。比如达达尼昂戏耍恶女米莱迪的剧情。某一集里，儿子死于战争的母亲先是接纳了逃到自己家里的达达尼昂一行人，但她的精神其实已经不正常了，下一刻就神情大变，露出獠牙，高喊："你们是我儿子的敌人！"这一幕使用了让人偶表情变形的"裂口"[65] 手法。越往后剧情就越严肃，我能感觉到把它当小孩子节目看的大人们也很喜欢。如果朋友到我的房间来，问我有什么可以用来消磨时间的东西，我就会给他推荐《新·三个火枪手》，这部作品对我来说就是这么重要。

—— 因为是人偶剧嘛，成片是否符合您的设想呢？

三谷：NHK 已经几十年没拍过人偶剧了，所以拍人偶剧的片场资深工作人员都十分有干劲。大概是从拍《倏忽冰炭岛》（1964—1969）时积攒下的技术在那之后再无用武之地的缘故吧，明明也有新人加入，但却无片可拍，这也太惨淡了。突然有了这么一部《新·三个火枪手》，现场的气氛自然变得热烈起来。

——《倏忽冰炭岛》是确立人偶剧这个剧种的一部作品吧。

三谷：操作人偶的人跟我说："人能做出的动作，人偶也全部都能做到，请别把它们当成人偶，尽情地写吧。"所以我才写了吊桥的那场戏。我觉得这场戏总不可能做出来吧，有点像我下的挑战书。还有人数众多的舞会场景、音乐剧风格的场景等等，写这些可好玩儿了。

—— 您和文乐的联系就是从这里开始的吧？

三谷： 因为喜欢人偶剧，所以我也去看了几次文乐，觉得又是一个不得了的世界。不过在创作文乐之前，我先参与了歌舞伎的创作。

　　我在之前的电视剧和话剧里邀请过松本幸四郎先生，也邀请过还没改名为中村勘九郎的勘太郎先生出演《新选组！》，和歌舞伎界的人渊源颇深。市川染五郎先生跟我说过"请一定写一部歌舞伎作品"，7 年后，我写了《决斗！高田马场》，这部作品最让我感动的是响器和三味线的魅力。我至今看过的所有表演里让我不禁起立鼓掌的只有一部 —— 已故的勘三郎先生在茧剧场演的歌舞伎《夏祭浪花鉴》。看到最后我真是情不自禁地站起来鼓掌，深深折服于歌舞伎的魅力。

　　《决斗！高田马场》演完，观众们也都起立鼓掌，当时我就懵了。演员的表演十分出彩，还有就是日本乐器的大合奏直指日本人的 DNA，营造了一种激越的气氛吧。

　　我带着这种感觉观看了文乐《曾根崎心中》[66]，确实是很厉害的表演，但是用现代人的眼光看，总觉得有点费劲儿。对白都是古语，完全不明白是什么意思（笑）。明明是日语的演出，却还带着字幕。现场还有剧本售卖，我看到有人对着剧本看戏。

—— 好像在外国演出一样嘛。

三谷： 这样钻不到戏里去嘛。人偶的动作相当精彩，但我却不知道怎么看好。不过最后的殉情戏里，7 把三味线一齐奏响，太震撼了。我非常感动，所以才会想要创作文乐。

后来，我认识了一位专门做人偶头部的年轻人，他介绍我认识了操作人偶的技师，那位技师说："我想和三谷先生一起做些新玩意儿。"他可能从哪里知道了我喜欢人偶的事，在那之后我又认识了很多人，和他们谈过很多次话，最后做出来的就是这部《其礼成心中》（2012）。

◎《其礼成心中》是 2012 年上演（2013 年重演）的三谷文乐。三谷先生主创的这部作品以因近松门左卫门创作的《曾根崎心中》大热而受到牵连的包子铺夫妇为主角。夫妇俩生活的地方正是"殉情圣地"，两人找到想要殉情的情侣后，由半兵卫负责规劝，阿胜负责倾听。主题虽然是严肃的"殉情"，却演出了人情喜剧的感觉。上一章提到的在原著基础上做改编的方法常见于三谷先生这一时期的创作。但这一次不是由人来演，演员们都是人偶。虽是文乐，净琉璃的台词却不需要字幕，观众毫不费力就能理解。

三谷：文乐也相当有趣，一开始想试着开发新式的文乐，就提过诸如生濑胜久和人偶合演、交响乐团和人偶合演的方案，当然立即就被人以"文乐不是人偶剧"的理由驳回了。我被严肃告知：只有人偶、三味线和义大夫在一块儿才能叫作文乐。

——三板爷得凑齐了才行。

三谷：没错，说是"一个也不能少"。我还想啊，人偶要是真的全身湿透或者全身沾满油就好了。我小时候就经常把人偶放进浴盆里，或是在下雪的时候把人偶插到雪地里，享受"驻足之人"的风景。人偶和真实存在的水和雪的错位组合真是别有风味，真和假融合在一起，意趣十足啊。

——我也曾经把人偶并排放在街上，人偶就好像真的变成了人一样。

三谷：啊，这也很有意思。

——与此同时，您说的错位组合我也有所体会，是不是有些矛盾啊。

三谷：因为很喜欢这样的游戏，所以我觉得真的把人偶烧了也没关系（笑）。让人偶和技师一起从水中现身也很好。不过这些提案也被否决了。

——还是不行啊（笑）。

三谷："所谓文乐，就是把本来是人做的事放到人偶身上，就是一个纯粹的造物的世界，出现真实的水和火是不合适的。文乐的技艺就在于能令观众仿佛真的看到了油锅地狱一般。"——这个理由我完全接受。

——用红布来表现火，也是文乐的技艺吧？

三谷：嗯，我就是通过这样的方式来学习文乐的。

——创作文乐的剧目都有哪些步骤呢？

三谷：对于喜欢人偶的人来说，那可真是欲罢不能呀。技师们在开碰头会的时候，就把人偶都拿过来，我就问"能演游泳的戏吗？"，他们就答"没演过，但可以试一下"，然后三个人操纵着一个人偶做出蛙泳的动作。我又问"能潜进水里吗？"，正在游泳的人偶就潜了下去。三个技师稍微沟通了一下，就能让人偶做出换气的动作了。我再问"能来个潜水泳法吗？"，他们也能照做不误。

—— 可不能提这种要求吧。

三谷：据说文乐到现在还没演过水下戏，真人演的舞台剧的确不可能有水下戏，但是文乐就做得到。比如这么一场戏：一对夫妻投水殉情，双双跳入淀川，途中又觉得不能就这么死了，就想从水里出来。妻子昏过去了，丈夫就抱着她想救她……这场戏真人演员演不了，但人偶就可以演。

—— 是怎么表现水下这个场景的呢？

三谷：就是把一张很大的塑料薄膜铺在了舞台的前方。

—— 说回刚才的话题，确认了文乐能演什么之后，您又做了哪些准备？

三谷：先是写剧本。文乐是关西的文化，所以对白是用关西话写的，而且是江户时期的关西话。但是我既不熟悉关西话，也不熟悉江户时代，全是凭印象写的，写得乱糟糟的，后来就请监修的人帮忙订正。

接下来就是排练，在我们的感觉里大概要花一个月来排练吧，但文乐只需要三天。

——欸？

三谷： 第一天是不带人偶的空气文乐，如果不能很好地理解角色的心情，也就操纵不好人偶，所以先是技师来演，排练现场还挺有意思的（笑）。技师在操纵女性角色时真是要像女性一样柔和地做动作。从第二天开始再把三味线和义大夫加进来。

——是这样完成的啊，真厉害。

三谷： 负责旁白的人的确很厉害，因为他一个人要演所有角色。因为注意力要高度集中，所以维持不了太长时间，途中要换成另一个人，但却一点违和感都没有。这也很奇妙。主人公的声音中间突然换了，但却一点也不觉得奇怪，真是了不得的技术。现场的工作人员每个人都是一身的本事，而且都还很年轻。

——都是年轻人吗？

三谷： 说起来年纪和我差不多，要不然就是比我小个几岁。国宝级的人物都八九十岁了，所以相比之下，大家一直是年轻人嘛（笑）。

　　人偶就更老了，大多是战前的物件，都属于一个叫作文乐座的剧团，数量总共就只有几十个。每次都要根据剧目来选角，上个月刚演过大石内藏助的人偶可能下回就演一个别的角色了。常看文乐的粉丝就会发现"那家伙又出来了"，也还挺好玩的。

——相当于有数十个剧团成员了吧。

三谷： 是啊，这也很有意思。真正会用到的人偶也就是其中的一小部分而已。

—— 很像真正的演员嘛。

三谷：这些演员不会死嘛，战前就存在了。我一开始遇到的那位制作人偶头部的人的主要工作也是修复旧人偶，而不是制作新人偶。

—— 还有人专门做这个啊。

三谷：人偶经常做出一些高难度的动作，可能很容易坏吧。话说回来，因为我比起主角更喜欢配角嘛，就选了一个从没当过主角、一直演反派的虎王人偶当了主角。那家伙虽说是第一次当主角，但演得相当不赖嘛。

—— 这给人的感觉完全就是剧团成员了嘛。

三谷：不过下一部剧里它好像又演了一个被斩杀的角色（笑），又回到之前的位置了，可怜啊。

总之创作文乐的这段经历真的很愉快。在手办迷看来，可以说是"赞爆了！"（笑）。真是很珍贵的体验。

—— 您是说文乐是人偶戏剧的最高峰咯。

三谷：当然，文乐真的让人大开眼界。我调查了一番，世界上好像没有哪种人偶剧是会像文乐那样让技师完全暴露在台前的，一般都会让技师藏起来。而且国宝级的大师也会露脸，一本正经地操纵人偶演戏，但这种违和感一会儿就不见了，这就是文乐的厉害之处，这技艺真是了不得。

其实啊，我很想把憨豆先生的人偶带过去，跟技师们说"你们试着让他动一下"，但最后还是没能说出口。

——当然说不出口啦。

三谷：如果是由文乐技师来操纵的话，憨豆先生一定也能像活人一样动起来吧，但还是没办法请人家做这种事。文乐非常有趣，有机会还想再写一部。野田秀树先生还有其他一些舞台剧编剧都写过歌舞伎，但写文乐的好像暂时还只有我一个人。

——这是因为您小时候一直在玩人偶游戏吧。不知道您的创作会不会让文乐发生什么变化呢？

三谷：可能很多人看的第一部文乐就是这部《其礼成心中》，这些观众看了之后好像都觉得"文乐好厉害"，我很高兴做了这部文乐作品，很有意义。我希望将来能写出可以在国立剧场和文乐的本家——关西上演的文乐作品，只写这么一部是不够的。

19

清须会议

★ 首部时代剧题材电影聚焦于一次会议
★ 公映前的不安
★ "以影迷编剧的身份执导电影才是我原本该有的样子"

（2013）

◎ 清须会议是安土桃山时代 [67] 的天正十年（1582 年），为了争夺在本能寺之变 [68] 中被刺的织田信长的地盘（这么一说会留下打打杀杀的印象吧）、决定信长的继承人、分配他的遗产而召开的会议。政治家们在选出下任领袖时，比起能力，更看重继任者能带给自己的利益（领土的重新分配）。所以早在清须会议之前，他们就暗地里互相交易、互相背叛。

三谷幸喜创作的同名小说描写了会议五天里两派势力互相对抗，而后他将其搬上了大荧幕。以役所广司（饰演柴田胜家）、大泉洋（饰演羽柴秀吉）、佐藤浩市（饰演池田恒兴）、小日向文世（饰演丹波长秀）等参会者为首，铃木京香、伊势谷友介、浅野忠信、中谷美纪、松山研一、中村勘九郎、刚力彩芽等 26 位演员组成了全明星阵容。

可能会有人一看片名就觉得这是部题材严肃的电影（因为是历史题材，所以的确力求真实），但台词都是现代日语，也用上了"说白了""笨蛋！"这样的表达（饰演羽柴秀吉的大泉洋用得最多，很有意思）。既忠实于历史，又处处充满笑料。

从大河剧《新选组！》之后，三谷先生越来越多地把历史上的真实人物写进舞台作品，《清须会议》则是他第一次尝试历史主题的电影，这部电影给我的印象是法庭式的"言语交锋"占据了作品的核心位置。

——终于聊到您最近的一部电影作品了。《广播时间》是改编自您自己的戏剧作品，这次的《清须会议》是改编自您写的小说，对吧。

三谷：我的作品里有原著的只有两部，就是《广播时间》和这次的《清须会议》。其实在写小说之前，我就想拍摄这个题材的电影了。

从结果来说，因为有了后来的电影，所以我很庆幸先写了小说。因为写的时候脑海里能先想象那个画面，所以做导演的时候就特别享受。比起我写过的其他任何一部作品，我能更真实地感受到《清须会议》里出场人物的心情。而且在小说里每个人物都有自己的内心独白，所以在拍摄现场和演员们说戏时，我能细致地描述某场戏里某个角色的心理状态。

——无论哪场戏都能把角色心理用语言的形式具体地告诉演

员吗？

三谷：对。如果有人问，马上就能答出来。虽然一般情况下我也能马上答出来，但有时候没办法像这部片那样回答得那么具体。

—— 每一场戏都有细致的心理描写啊。

三谷：有点像出场人物的独白接力。不过话说回来，《清须会议》也许只能这么写，或者说如果不是独白接力的形式，我就写不成了。

—— 大家是怎么看编剧三谷幸喜写小说这件事的呢？

三谷：我之前好像说过，小说太自由了，不怎么适合我。内容方面没有限制，而且想写多少字就写多少字，如果创作的是一部长篇小说，那甚至连交稿截止日都不设（笑）。对于我来说，还是有这样那样的限制要更好些。

—— 为什么您的第六部电影会选择时代剧的题材呢？

三谷：在我看来，电影和戏剧的区别不仅在于录播和直播的区别，我之前也说过，两者的观众人数有天壤之别。舞台剧像是做一个我想做的东西，想看的人就来看。电影则需要成为能取悦许多人的最大公约数式的作品。这种处境和那种搞笑艺人很相似——他们在演出现场尽情地讲自己喜欢的段子，上电视了就要拿出配合节目旨趣的表现。

不过，拍到第六部时，我第一次想尝试拍一部在这个规律之外的电影。拍到第六部才第一次有了这种想法。

——我去了那场只邀请电影相关人员的试映会，因为只请了电影相关人员和演员，大家都知道情节发展，所以都没怎么笑。我看的时候也不知道该不该笑……我觉得是一部会让大家开心的电影哦。

三谷：不过有人跟我说，"时代剧"这么一个标签，会让观众群一下子变窄吧。电影业界里，时代剧的票房可一直比较惨淡，业内人士一定会说："得拍些年轻女性会买账的电影才行啊。"虽然我不知道这句话里的"年轻女性"指的是多少岁的女性，但我也不觉得二三十岁的女性会全部跑到电影院看时代剧。时代剧粉丝大多是些上了年纪的男性，他们要么喜欢看刀剑乱斗，要么喜欢看两军厮杀，要么喜欢《武士的一分》（2006）[69] 里的武士道。《清须会议》没有以上任何一个元素。我只想完成一部有趣的电影，而且自认成片的质量还不错，但就算是试映会都已经办完的现在，我还在为"到底谁会来看呢？"这个问题而感到不安。

——在这个时代剧票房表现惨淡的时代里，为什么这个企划还能通过呢？

三谷：对啊，为什么呢？也许是觉得这片能火，也许是看到我之前的三部作品都挺火，所以制作方想着既然是我想拍的电影，就抱着让我拍拍看的心态通过了，像给礼金一样给我拨了预算。

——就算只考虑票房，拍一部和之前三部作品风格迥异的电影肯定是更好的选择。比起拍一部和《了不起的亡灵》相似的奇幻电影，然后栽个大跟头，还不如一开始就企划一部时代剧。

三谷：（笑）如果真是这么一回事，这时候创作一部时代剧倒真是不错的选择。观众们的嗅觉都很灵敏，栽了跟头之后再拿出不同风格的作品，这种不自然的举动一定会被看得一清二楚。

而且，也不存在什么和《清须会议》类似的电影。我希望观众们被"未知的东西"吸引而走进影院，的确是风险很高的赌注，不过如果一直拍《了不起的亡灵》那样的奇幻喜剧，也总觉得有哪里不对。

——您应该不想成为哪个领域的专家之类的吧。

三谷：不想。我喜欢的题材很多，本来每次就只能关注其中的一个。因为喜欢时代剧，想拍一部时代主题的电影，所以就拍了。但是下次我就想去拍其他的题材了，再下一次还会再换一个题材。

——只要一直不停尝试新的风格，就还是会一直不安啊。不过就算没有票房方面的担心，您也不想拍《古畑任三郎剧场版》之类的作品吧。

三谷：绝对不想。

◎ 把"自己想看的东西"拍成电影的新挑战还在继续。

本作中又出现了全新的挑战。

三谷：小说里重要的场景之一"狩猪"，因为各种各样的原因变成了"夺旗"，我觉得很对不起想到电影院观赏"狩猪"这场戏的观众。大家一定会觉得有些蹊跷吧。不过我也不想用 CG 做出奇怪的效果，而且实际拍的时候才发现那一幕特别花钱，所以我才会重新构思一场既不花时间又不花钱，而且还有意思的戏，就是后来的 beach flags（沙滩夺旗）了。

说起来，本作也是我到目前为止使用最多 CG 特效的电影，这也是一个新变化。比如说，这次用 CG 技术还原了当时的街景。还有，整部作品都是在 12 月拍摄的，为了让观众看的时候觉得是夏天，拍完后用了半年时间把演员们呼出的白气全部去掉，把滨松冬天的海边变得跟夏天一样，把天空变蓝，把波浪变清澈，在什么都没有的冬天的田地里插上谷子，变成收成期的田地。电脑能带来的变化真是厉害，而且完成度也很高。

那个天守阁也是个缩小版的模型！大概不会穿帮吧。人差点被推下天守阁的画面是用电脑合成的，竟然能做到这种地步啊。

——您可是导演欸！

三谷：拍那场戏的时候，我还很担心成片的效果。摄影机先是从下往上仰拍几乎要从天守阁上层城壁的扶手旁掉落下来的演员，是在蓝幕下拍的。虽然负责拍摄的工作人员告诉了我成片的效果，但我却想象不出来，所以只能相信他说的话。最后真的完美变出了一个演员差点从天守阁上掉落的镜头。

——这个镜头的确很厉害。不过白气被处理掉这件事，还真是看几次都察觉不到啊。

◎ 做这次访谈时，距离《清须会议》正式上映还有两个半月，所以最后我们随意聊了聊三谷先生对电影公映的担忧、对电影导演这个职业的志向和他身上自相矛盾的地方。

三谷：虽然有笑料，但毕竟不是"爆笑喜剧清须会议"，主题还是很严肃的，就是这点让我觉得不安。对于我来说，拍这部片像是打开了一个装着我想做的事的抽屉，但那些并不期待我的抽屉里装着时代剧的观众看到这部电影时会做何感想呢……我真的不知道。

——是会紧张的吧。这本书出版的时候，电影应该已经上映了，到时也就能知道第一个周末的票房了。上映的一周后会觉得更紧张吗？

三谷：电影的票房怎么样，看第一天的票房就知道个大概了，和选举的投票站民意调查是一个意思。电影一般都会选在星期六上映，所以星期六下午大家就集中到电影公司的宣传部，那里汇集了全国各地电影院的信息。这次的作品会拿来跟上一部《了不起的亡灵》做比较，用"是上一部同期票房的120%"或者"是上一部同期票房的80%"来做记录，也会拿来跟东宝公司其他电影的首日票房比较。把这些数据全部集中起来计算、推演，就可以大致得出"这部电影最终的票房将达到××亿元"的结论。

——统计学，是吧。

三谷：基本每次都能估得差不多。极少数情况下，在统计学下了"这次不会火了"的定论后，又靠着观众的口碑起死回生。又或者先是被统计学认可，之后却高开低走。不过我的电影都是看第一天的票房就大致清楚了，所以总觉得有点失落，觉得"哦，这次是这样啊"，像选举的开票速报一样，太快了，连惊讶的时间都不给。

不过像《有顶天酒店》这样一开始就被推测要大火的片子，我反而会担心"票房不会从现在开始往下掉吧"。我带着这种担心去了电影院，发现人真的很多，这才放下心来。

我觉得这次的成绩应该没有上一部片子那么好了。虽然我不是很关心票房，想着能把自己真正想拍的作品拍出来就好，但如果票房太差，说不定就不让我拍下一部。我自己一分钱没掏，即使只有 5 万票房，我也没什么损失。但如果票房真是 5 万，我也就没有下一部作品了。所以我要在《清须会议》上映前就让电影公司开始我下一部作品的企划（笑）。即使失败了，靠着从《有顶天酒店》开始连续三部电影大热的老本，我也能被准许再拍一部作品吧，就跟被判了缓刑一样。

不过这也只是我个人的情况，比方说，伊丹十三先生就是自己掏钱拍的电影，就没那么随心所欲了，肯定很不容易。这么一比，我还真是受了不少照顾。

——那么，您接下来也决定要以电影导演的身份继续创作之路吗？

三谷：嗯，不过我可成不了职业导演，就到把自己想做的东西做出来的程度而已，比如说把科幻小说和音乐剧都拍成电影。又比如说拍那种纯粹让人发笑的喜剧。我想一直待在"影迷"

这个身份里，让我一边说出"我是电影导演"，一边向周围散发魅力，我可办不到。以"影迷编剧"的身份执导电影才是我原本该有的样子。但是竟然有这么多观众来看我的电影，只能说我是运气好。比如说，和我一样是舞台剧出身，同时也拍电影的 KERA（小林一三）和松尾 SUZUKI（松尾胜幸），我从未觉得自己做导演的水平比他们二位要高。真的只能说是我运气好呀。

——说起来还真是不可思议，您可是拍出了进入日本电影史票房前十位的电影啊。因为说出"让三谷拍一下电影吧"这种话的可是东宝和富士这样的大公司啊。

三谷：也是，真有些不可思议。而且拍着想拍的电影的同时还做着别的工作。如果把这些写成书，让真正的电影导演和编剧读到，他们怕是要大发雷霆："我们明明这么辛苦，这家伙倒好。"不过他们这么想也是理所当然的，他们的确非常不容易。我之前好像说过"我只是在做自己喜欢的事，不知道观众为什么就买账了"，这种话最让他们恼怒了。

——您很容易被舆论攻击吧？或者说这就是您的风格？

三谷：之前提到过，《有顶天酒店》原本设想的舞台是一个紧凑而整洁的小旅馆，预算也不用很多，因为我就是想专心拍自己想拍的东西，我觉得我的能力和这样的作品是匹配的，那种全明星阵容的贺岁片我其实是拍不了的。但是《有顶天酒店》火了以后，我的每部片子就都变成全明星阵容了。遇上这等好事的导演全日本大概没有第二个了。在这方面，《清须会议》可以说是全明星电影的集大成之作。

我不认为之后还会继续拍这样的电影，总有一天会腻的，不过在那之前我还是接着拍吧。

——我觉得即使观众不买账了，您也随时能回到小时候用士兵人偶当演员，用 8 毫米摄影机拍电影的那种状态。

三谷：我身上有这么个矛盾，大概永远都解决不了。我只是在做些能让自己高兴起来的事情，虽然说起来有些过分，但真的就是游戏的延伸而已，我玩得很开心。但另一方面，我又向往成为职人。就是那种当苦无头绪的制片人跟我说"想个办法出来啊！"的时候，会立即回答"我知道了，我会想办法"的职人。

——不过职人虽然不是游戏的延伸，但肯定也有那种小时候就一直玩黏土的陶艺家吧，所以好像也没什么矛盾的。

三谷：这样啊，职人们也是把兴趣变成工作的吗？不过确实应该没什么人是被逼着成为陶艺家的。

——每天钻到车底下的汽车修理员大概小时候就喜欢摆弄汽车模型吧。面对您刚才说的那种紧急的需求，他们肯定也会接下来，一个人默默做完。

三谷：做喜欢的事和成为职人，两者其实没什么冲突吗……好吧。还有，虽然自己高兴最重要，但我也不愿意拍那种没有观众肯买账的东西，这里也是矛盾的。不是只要我喜欢，随便观众来不来。我感觉只有观众来看了，笑了，我的作品才真正完成了。

——"既怕被人看，又想给人看"，三谷式的矛盾嘛（笑）。不过哪个创作者都有这样的矛盾吧。喜欢自己一个人创作，然后把自己的创作当成和他人沟通的唯一手段。

三谷：拍电影时的矛盾是，拍的其实是自己觉得有趣的东西，但成片出来后，却又希望大家都来看。我想了想该怎么办，因为成片这时候已经做出来了嘛，所以只能祈祷大家都能来看了（笑）。祈祷"我觉得有趣的东西，大家也一样觉得有趣"。

我以前和明石家秋刀鱼说过这事，他说自己也是这样的，虽然做的都是自己觉得有趣的事情，但大家是不是也一样觉得有趣，他也完全没底。现在说不定只是运气好，逗乐自己的东西刚好也能逗乐大家，说不定哪天就行不通了。所以就只能祈祷别有这么一天了。

——他做的是谈话节目欸，不就是一瞬间的事吗？
三谷：所以他每个瞬间都在祈祷嘛。

◎《清须会议》，2013 年 11 月上映。

20 大空港 2013

- ★ 1 小时 40 分钟的一镜到底
- ★ 创作剧本需要形式之美和理科思维
- ★ "最后的最后，我还是会回归喜剧"

◎ 本来想以上一章《清须会议》作为本书的结尾，不过聊长镜头的那天，三谷先生聊得兴起，从包里拿出一张 DVD 递给我，说："想一起聊聊这部作品，你先看看吧。"

这就是预定于 2013 年在 WOWOW 电视台播映的《大空港 2013》（2013）。看过这张原本只有相关人员持有的 DVD 后，我决定把关于这部片子的对谈加进来，作为本书的结尾。由于我们俩都是长镜头爱好者，也都能理解所谓"游戏的延伸"，所以造就了以下这段虽然时常跑题但却十分欢乐的对谈。

（2013）

——我昨晚看了《大空港 2013》，这已经不是大量使用长镜头了，这部电影本身就是个长镜头嘛！1 小时 40 分钟的全片就只有一场戏。请和我说说这到底是怎么拍的。

三谷： 我作品里"一景一镜"拍法的极致，就是这部《大空港 2013》了，还挺厉害的。我也没想到自己能做到这种程度。取景地是长野的松本机场，主要角色有 12 个，一共拍了 7 天，每天完整地拍一遍。

——是按什么步骤组织拍摄的呢？我想象不出来。

三谷： 大家先在东京排练了一周，到了松本机场之后先是排练，然后正式拍摄，一共在那里待了 10 天。

　　松本机场从早上 9 点开始就正式营业了，所以只能从早晨 6 点开始拍到 8 点半稍过。最后一幕里直升机起飞的时间是每天固定的，无法干预，所以要从最后一幕倒推开始拍摄的时间。现场的临时演员超过 100 人。这样的企划也只有 WOWOW 或者 NHK 能接，因为中间没办法加广告嘛，加了的话可没办法向长镜头粉丝们交代（笑）。我很想让伍迪·艾伦看看这部片子，他一定也会好奇我是怎么拍出来的。

◎ 本片是描述因恶劣天气迫降于松本机场的旅客们和机场工作人员之间发生的种种故事的群像剧，主角是饰演机场地勤的竹内结子（几乎没离开过镜头）。全片 100 分钟一刀未剪，用一部摄影机一镜到底拍摄完成。

——为了让观众看清现场的全貌，那种让摄影机慢慢地绕圈移动的镜头还挺多的。如果有摄制组的人在，大概会被拍进去的吧，难道说拍摄现场只有一位摄影师掌镜？

三谷：首先音响方面，每个人都戴上了无线麦克风，所以摄影机旁边没有录音师。只有一位摄影助手紧跟在摄影师山本英夫先生身后，也就是两个人移动着完成所有的拍摄。二楼的右侧是在电影中出现过的餐厅，左侧是拍摄的指挥室，只有那里没有入镜。其实有很多工作人员都被拍到了，不过他们都先假扮成了机场的旅客。

——美国有一部讲医院里医生和患者互动的人气电视剧《急诊室的故事》。《急诊室的故事》剧组好像没有使用日本那种长条状的摄影机，可能是为了在狭小的空间里也能从多个角度拍摄，简单地说就是用了一种棒状的骨架摄影机。棒状骨架的上部，大概头上方的位置放着镜头，拍摄时从镜头稍微往下面一点的地方观看。就是一种硬棒和摄影机合体的纵长形摄影机。您用到这种摄影机了吗？

三谷：这种摄影机太重了，用不了。摄影师山本英夫先生试了各种各样的摄影机，最后选出最合适的一部，但选出来的这部体积也相当大。拍摄时，人不是直接看镜头，而是看着附在摄影机上的显示屏。因为一边拍一边往后走很危险，所以特意做了摄影师看着显示屏往前走，镜头就会慢慢退后的设置。

——欸，这部机器还有转向功能啊？

三谷：这倒是专门请人帮忙开发的（笑）。

——持续了 100 分钟的长镜头欸，完全就是摄影师一个人的作品嘛。

三谷: 山本先生最不容易了。不过看了这部片之后觉得"摄影师真了不得"的,大概也只有电影业的同行了吧。真希望观众也能这么想啊。

——竹内结子坐扶梯上楼的时候,如果有别的摄影机在楼上等着,然后瞬间切换镜头,交棒给下一位摄影师,不也挺好的吗。

三谷: 那里还是让一台摄影机一直跟着了。一楼、二楼、楼顶……山本先生那100分钟到底走了几公里的路噢。

还有就是导演组,整部片里抓住某个特定时机的情况太多了,不允许失败,大家真的完成得很出色。

松本机场的二楼只有一个小餐厅,真是相当小型的机场。工作人员告诉我们,机场有好几十年没这么热闹过了。毕竟每天只有两个航班在那里降落。

——如果是舞台剧的话,大概也只能做到搭一个双层公寓的置景吧,看这部片就像是看了一部在机场上演的时长1小时40分钟的立体舞台剧似的。而且100分钟里剧情总是连贯的,看不腻。

三谷: 一直有种紧张感。100分钟的长镜头已经是极限了。不过我感觉没什么人能拍出这样的"长镜头剧",必须得是同时有舞台剧和电影制作经验的人才能做到,而我恰好是这样的人。所以我在想,这是不是一件我必须要做的事呢,也许这才是我的使命所在吧,所以就拍了。长镜头剧还有很多可能性,还能拍出有意思的东西。

我想做的是恰好在 100 分钟的时间里，把 12 个登场角色在机场里的所有活动都放进剧本，然后拍成影像。和《新选组！》时一样，我也考虑了每个角色的时间线，比如"梶原善饰演的角色这个时候在做什么""小田切让饰演的诈骗犯这个时候在干什么"。

—— 不过电影里的 100 分钟也就是现实中的 100 分钟欸。100 分钟的实时群像剧，具体是怎么拍摄的呢？

三谷： 因为是现实中的机场，所以先借来了平面图，构思人物的活动。比如"这个人这样行动，同一时间他们那样行动，刚好在这里相遇"，然后把行动路径写下来，接着把时间轴画出来。时间轴和实际的时间是一致的嘛，这一步倒是很简单。

然后以这张图为基础，先在排练厅排练一周。排练室里没有扶梯，所以就没有高低差，但正是因为有上下扶梯这个动作，所以才需要排练。好在排练厅很大，排练时演员步行的距离和在机场时几乎相同。后来才知道从一楼大厅走到二楼餐厅大概要花两分钟，但剧本上的台词却不够说上两分钟，所以增加了台词，多出来的部分就停下来说完。山本先生试着用自己的手持摄影机模拟实际的拍摄。

实际到了松本机场之后，先花三天时间实地排练，从第四天开始，每天拍一遍 100 分钟的正片。也就是说，一周里一共拍了七遍 100 分钟的正片。

我刚才说过，机场从早上 9 点开始营业，所以每天只有一次拍摄机会。而且最后一幕是送行的竹内朝直升机挥手的画面，直升机起飞的时间是固定的，所以要从这里开始往回推算开始拍摄的时间。拍摄途中一个错误都不能犯，挺不容易的。

——那么实际播出时用的是第几遍拍摄的影像？

三谷：第七遍。其实第六遍拍得很好，可惜天气不好，影响了麦克风的收音。最后一天大家都演得有点上头了，生濑胜久基本上已经完全放飞自我了。不过还挺有意思的（笑）。

——的确挺搞笑的，请大家一定要看哦。演员们连续一周都要从早上6点开始一样的表演，大家不会觉得腻吗？

三谷：一到早上9点，所有工作就必须停止，这实在太好了，下午大家就都出去玩了（笑）。还有一个好处，早上拍摄的100分钟影片一定会在当天放给大家看，演员们之前只能看到自己出镜的部分，现在就能看到所有人的表演了，就会有"今天生濑先生真是演技炸裂，我也要更努力才行啊"这样的感受。

——如果是舞台剧的话，演员还能从侧边看到舞台上其他人的表演。这次摄影机连机场的候机单间和电梯都不放过，的确是没法看到其他人的表演。

三谷：而且演员们每天都在理解我希望在这部片子里表现的东西，这也是连拍一周的好处。"摄影机快来到我这儿了"，这么一边想着一边等着可不行。即使没有被拍到，也要做足这100分钟的表演。包括扮演机场里乘客的群演在内，所有人都演足了100分钟。工作人员旁边的群演们即便在没有被摄影机拍到的时候也一直在表演。

——想着摄影机还没来，然后打了个哈欠，结果刚好被远处的摄影机捕捉到了，就因为这样穿了帮，问题就大了。机场的空间是敞开的，没有明显间隔。

三谷：嗯，还有不小心看镜头了的情况。所以这次我不把他们当群演，他们都是电影里的配角。那七天里他们也重复着自己的表演，就跟剧团成员一个样。

——需要很周密的计算吧。

三谷：演员步行的距离是几米、花的时间是几秒都要计算，再根据计算结果来写剧本。我想乐在其中的人可能并不多吧。

——这已经是技术专家一样的编剧了。

三谷：比起刻画人物，我更热衷的应该是这种类型的工作吧。借着这部片子，我更加确定了这一点。

——虽然您的不少电视剧都着重表现人物的心绪，但基本都是拍摄手法先行的，此次的《大空港》更是突出了这一点。

三谷：某种意义上，这部剧是在追求一种形式之美。说起来我很不擅长和抽象的东西打交道，抽象画、自由爵士之类的通通不喜欢。我喜欢的都是确定的、有规则的东西。我果然还是需要限制。因为有限制，才有了形式之美。不过不是像拼图那样计算得那么完美，所以还是会留下一两处小破绽。

——这里面也有理科的影响吧，比如测好时间再写台词的操作。您剧本里和技术相关的部分总是有理科和形式美的影子。而且这一点总是会完整、清晰地呈现出来。

三谷：日本的小说和电影一直都是以情感、观念这些说不清道不明的东西为主流的，现在还是如此。日本的舞台剧和电视剧界如果能有我的一席之地，那我做出来的一定是和主流完全相反的东西，精确到每分每秒。极端点说，我作品里的所有东西都能用数字来表现。

但也不是所有东西全凭计算就是好事，在某处卖个破绽，就可能会给整部作品加分。如果能表现出数字背后若隐若现的微妙人性，那就会是一部好作品。

——这正是您和其他编剧大相径庭的地方。日本的评论家无论什么时候都盯着"有没有表现人性"这一个点，使用了大量CG技术的好莱坞惊悚电影在他们的笔下就是"没有表现人性"的电影。

三谷：看《侏罗纪公园》（*Jurassic Park*，1993）的时候，我十分感动，谁知道却被评论家们批判"看不到人性"（笑）。电影里的恐龙被刻画得那么好，不表现人性不也没什么关系嘛。

——恐龙形象的背后其实就隐含着对人的刻画嘛。

三谷：是这样的。《侏罗纪公园》绝不是没有表现人性。

——不直接从正面表现人性，这就是好莱坞的高明之处。就算是轰炸白宫的电影也有对人性的刻画，因为造出那颗导弹的是人嘛。

三谷：没错。好想早点看到《环太平洋》（*Pacific Rim*，2013）

啊，因为大家都说"画面很厉害，但看不到对人的刻画"，所以大概会很有意思吧（笑）。

——刚才提到美剧《急诊室的故事》里也有很多长镜头，其实《急诊室的故事》还做过一次直播，剧情设定是电视台到医院里采访，所以演员直接对着摄影机表演也就一点都不奇怪了。

三谷：这个想法可真棒，而且因为东西海岸有两小时的时差，所以还做了两次直播。

——流浪汉病人拿起手术刀威胁护士不要靠近的那场戏，我记得其中的一次直播里手术刀还被碰掉了。

三谷：这样啊。是会有这样的"事故"。是 1964 年吧，西德尼·吕美特拍了一部以核战为主题的电影《奇幻核子战》(Fail-Safe)，主人公是美国总统，剧情围绕当年的美苏关系展开，形势十分紧张。大概 10 年前，我在电视上看了本片重制版的直播，影片最后有一场幕僚们围在总统身旁召开会议的戏，气氛非常凝重。但广告放完重新进入影片的时候，饰演议长的老演员好像突然忘词了，一直沉默不语，我当时觉得那一幕怎么看都太滑稽了（笑）。直播到了尾声，观众突然从画面里看到一个忘记台词、头脑一片空白的演员，也会觉得特别紧张吧，虽然这和美苏之间的紧张感不是一回事啦。

直播有非常多的限制，那一集《急诊室的故事》也说不上有多么优秀，但这一集表现了医生们的形象，我觉得就已经够了。好想用直播的形式写群像剧啊，我还在等待这样的邀约哦。

—— 不是自己来企划吗?

三谷:《大空港 2013》是我自己的企划,不过对我来说,还是接受委托且一并接受限制更有价值。自己给自己设限,然后对自己说"虽然很难,但还是试试看吧",不是很奇怪吗(笑)。如果有人对我说"真的很难,除了你没别人了""想用电视剧进行一次大冒险,能写出这种剧本的只有三谷先生您了"之类的话,我一定会干劲满满地回答"请让我来写吧!"。自己对自己说这话就有点……不过既然还没有这样的邀约,我就姑且先自己企划了。

—— 您这还是没有摆脱矛盾的处境嘛。

◎ 开始写作本书的时候,我还以为《清须会议》是三谷先生的最新作品,不过 2013 年时《大空港 2013》也会正式播出。在本次对谈期间,三谷先生还在写作电视剧的特别篇。本书出版之前,三谷先生还有舞台剧重演的工作。三谷先生总是不断地有新的工作,他在短时间内完成的作品不断上映、上演或在电视上播放,与此同时,他又接着完成了若干不同领域的作品。

　　我对他的忙碌抱有疑问:为什么面对着一个又一个的难题,他还能继续创作之路呢?

三谷:因为喜欢才做的嘛。而且除了工作我也没别的事情可干了。我没什么兴趣爱好,所以除了写舞台剧和电影,就没什么事情可做了。把喜欢的故事写出来,这是我游戏的延伸。不过我大概没办法以现在的节奏继续写上 10 年了,虽然写出来的东西不至于空洞无物，但总有那么一天，没有人会再找我写东西了。如果不能再保持现在的节奏，我就慢下来，专心创作自己觉得有趣的东西。在那之前，我还是会保持现在的节奏。而且，最后的最后，我还是会回归喜剧。

后 记

松野大介

本书的尾声谨由负责组稿的我一个人执笔（本书的主角如他最后所说的那样，已经开始下一次创作了）。

我请三谷先生为本书撰写了另一则前言。在后记里，我想展开讲讲我们俩的交往。

1985 年（昭和六十年！），二十一岁的我以搞笑艺人的身份出道了。出道前后，我向一些构成作家新秀展示自己的段子，负责给我提意见的就有三谷先生，他那时大概是二十三四岁吧。我知道他组建了东京 Sunshine Boys 剧团，但还没和他好好聊过天。总感觉我俩之间隔着一道看不见的墙，不过造出这道墙的可能正是我自己吧。我俩的这种关系大概持续了一年。

之后，我们彼此就再也没有交集了。一晃 10 年，1995 年，艺人生涯里有喜有忧的我在三十一岁的年纪出道成为小说家。这之前一年的某日，我在千驮谷的公寓里写作，房子前面的大街一阵嘈杂，从二楼的阳台往下看，三谷先生正在一条小道上接受采访，正是《古畑任三郎》开播的那年。我匆匆忙忙跑下楼，一边喊着"三谷先生——！"一边朝他走过去，好像我们以前非常要好似的。也许是不愿被路过的行人认出来，穿着正装的三谷先生稳稳地站在原地，这一幕让我印象深刻。

问了一下才知道，原来他工作的地方就在附近。

"对了，你的专栏里提到《古畑》了欸。"

他的语调平易近人，丝毫没有 10 年不见的感觉。我在女性杂志《Hanako》上连载电视剧相关的专栏，有一次提到"《古畑》是把已经完成的故事拆分成以集为单位的剧集，这太不容易了。《××》却把一个故事拉长到整整一季的长度"。

"是，是的。您读了啊。"我这么答道，然后就离开了。面对从初出茅庐的构成作家成长为人气编剧的三谷先生，从虎头蛇尾的搞笑艺人转型为写作者的我好像只能回答"是，是的"。

这次偶然的相遇后，我们又有 4 年没有任何联络。4 年后，转型成为专属作家（注：指与某公司签约）的我写出了还算卖座的《艺人失格》。因为是描写演艺界的小说，所以不免因此树敌，如果卖不好，我的作家生涯就算是到头了。更糟的是，我还陷入一个人和自己写下这本书时不雅的那一面对抗的窘境。

某天晚上，传真机动了一下，是三谷先生手写的传真。

　　我读了《艺人失格》，没想到事情会变成这样啊！

　　我最感慨的是第 ×× 页，我觉得最好笑的是第 ×× 页，我觉得写得最好的是第 ×× 页。

　　现在我正为○○○的工作闭关呢。

　　○○○也出版过我的作品，所以三谷先生应该是专门找我的责任编辑要到了我的电话号码[70]。不直接打电话也是三谷先生的风格。

　　三谷先生的话对我来说是莫大的激励，我一直完好地保存着那张传真。像这样直接把感想告诉我的只有他一个人，而且这十几年间我们只是偶然见过一面……

　　时间一下子又来到了十几年之后。

　　四十多岁的我的小说家生涯也是有喜有忧，为了写一部"如果卖得不好，我的小说家生涯就只能宣告终结"的作品，我在给出版社员工使用的疗养院（超偏僻的一处公寓）里闭关。因为无处可去，所以晚上写累了的时候只好看电视，可偏偏信号又很差。

　　电视旁边有一卷录像带，背面写着《古畑任三郎》，大概录了十几集吧。大概是哪位作家觉得在此闭关的时候会觉得无聊，才把录像带放在这儿的吧。很可能就是一位写悬疑小说的作家。

　　写作累人，我喝了点小酒，钻到被窝里，开始一集又一集地看之前已经看过几次的《古畑任三郎》第一季。在这间超偏僻的公寓里，我不知不觉热泪盈眶。和没个准心、不断辗转于搞笑艺人和作家之间的我形成鲜明对比……三谷先生从记事起就喜欢电影和电视剧，不断动笔写下自己想象的故事，如今已经成为舞台剧、电视、电影领域里作品不断的作家。我并不是嫉妒，只是单纯觉得感动。

在那之后，我开始接采访演员和搞笑艺人的工作，所以终于有了"想和三谷先生聊一聊"的想法。从前言里提到的在《日刊现代》拿到三谷先生访谈两个月的连载版面时算起，距离那次在公寓前的偶遇已经过去了 19 年！即便如此，当时五十一岁的三谷先生却比 19 年前更加平易近人。我感觉我们也没有那么长时间没有交流了。电影和美国的喜剧是我们的共同喜好，所以即使他不一一说明某类电视剧的拍法，我也能很快理解，这样他聊起天来也会觉得轻松些吧。

本书里谈到某位女演员时出现了"共同语言"这个词。其含义虽然是"拍摄时即使不加说明也能理解场景和台词的有趣之处的演员和三谷先生有着共同语言"，不过我觉得我和三谷先生在"喜剧的趣味"上也有着共同语言。我们还聊到了年轻时他给我的段子挑毛病的事情，真愉快啊。

采访结束后，他问我："松野先生的名字会怎么写进采访里呢？"

我回答道："想在采访的最后写上'采访人：松野大介'。"他又笑了。

"一定要让别人知道因为采访人是松野先生，所以我才说的是这些话。"

"那我在第一次连载的开头这么注明吧。"

"每次连载的开头都注明吧——"

　　他拉长了最后一个音。他说不想给人留下"只要有人拜托，三谷幸喜就会畅所欲言"的印象。也许他也有想让我的名字能出现在采访连载上的意思吧（也许并没有）。

　　读了连载的讲谈社编辑提出"请写一本和三谷先生的创作相关的书吧"。由我负责采访和组稿，这是看中了我倾听和撰稿的能力吧。我把这个计划告诉了三谷先生的事务所，过了很长一段时间，我接到了三谷先生本人打来的电话。

　　"我可不想参加哦。"

　　还是一样平易近人，不过也相当直截了当。意思很清楚，他不想参加。

　　"正因为是那份日报，所以我才觉得可以聊一些私人的话题。"

　　我告诉他，这次的计划不是把日报的连载编辑成书，讲谈社的非虚构图书对他私人的事情没有半点兴趣，而是想以创作经历为中心，对他做一次全新的访问。而且这次采访会把重心更多地落在我倾听和组稿的能力上。

　　"这样的话，倒是可以参加一下。"

　　8月2日，我动身前往位于世田谷、门口摆着一人高的哥斯拉模型的东宝公司，目的是说服终于空出时间的三谷先生"一起出一本书"。事务所的人告诉我，那天三谷先生正忙着为三个月后公映的电影做最终的剪辑工作。

　　一身正装的三谷先生独自一人坐在一楼空荡荡的大厅里，我在那里向他说明本书的主旨。

"想以采访的形式，以您的创作为中心，回顾您到目前为止创作的电视剧和电影。从作品诞生时的构思、写作和拍摄的过程和艰辛，再聊到您合作过的演员。不仅是面向一直关注您作品的观众，有志于创作剧本的人，还有对关于电视剧、电影的书稍微感兴趣的人也能读。然后把它做成有趣的……"

最后我像美容师一样边说边加上很多手势，一直没什么表情的三谷先生忽然开朗了许多。

"要看试映吗？今天有《清须会议》的试映会，有时间的话请留下来看吧。虽然你可能会觉得有点不自在。"

我原以为他这天是为了给电影做最后阶段的剪辑才出现在东宝公司的。"所有工作都做完之后，会邀请相关的人做一次试映"，所以我以为只有少数几个人会参加。

之后，三谷先生答应了这个出版计划，又向我提出"会有人想读关于我创作的故事吗""不止是影像作品，我想把舞台剧的创作也加进去，电影、电视和舞台剧加起来才是我所有的创作""如果能出版的话，最好能和《清须会议》上映的时间对上"等等对本书的要求和希冀。

"我希望这本书是咱们俩的共同创作。"

"不会只收录您的发言，而是会以一问一答的对谈形式进行，我还会在中间加入解说。我就像是电影里的叙述者，从我的视角讲述，而您是电影的主角。就好像我是马丁·辛，您是马龙·白兰度[71]……"

"啊，这样挺好的。"

能这样沟通，不正说明了我们之间有"共同语言"嘛！我对此有了新的体会。

讨论结束后，原本空无一人的试映厅前聚集了好多人。以本书中提到的长年参与三谷作品的富士台制片人石原隆为首，《清须会议》的数十名主创人员和主演役所广司、大泉洋、寺岛进、松山研一等人坐满了电影院大小的试映厅里一半的位置。

出席试映会的有三谷组的演员和工作人员共计 70 名，毫无关系的路人（我）共计 1 名。

一道微光亮起，我意识到接下来的工作有多不容易。如果要在电影上映的 11 月时出版，8 月末就要交稿，留给我采访和组稿的时间只有三周。而且这回要出版的不是观影手册般的创作论，我的身份既是观众，也是共同作者。我要让读者了解"能把同一件事情变得有趣（我自己这么认为）的编剧"——三谷幸喜故事的创作法……正如会弹吉他的话就能更深层次地理解音乐一样，即使是对剧本和导演不感兴趣的人，读了这本创作论之后，也能以不同的眼光观看电视剧和电影。此外，我还想表现戏剧和剧本创作的动人之处……我真能写出这样的创作论吗？

"三谷组《清须会议》的试映会要开始了。"工作人员话音刚落，馆内便暗了下来。电影将要开始时的这一片漆黑总是十分神秘。这天放映的，是三谷幸喜最新的作品。

《清须会议》的第一幕在我面前铺开的瞬间，我往这部最新作品进发的旅程也正式开始了……

三个月后，我总算赶在电影上映的时候到达了旅程的终点（其实我花了两周时间写完了全书）。我不知道本书的内容是否能让大家完全中意，但我悬愿本书能长久地留在各位的手边。

注释

1. 此处指的可能是三谷幸喜的首部随笔集《只有我》(『オンリー・ミー～私だけを』, 幻冬舍, 1997)。该书讲述了作者在东京 Sunshine Boys 剧团的种种经历和创作经验总结、作为剧作家的苦恼与快乐、三谷流戏剧论等内容。——编注(* 如无特殊说明, 本书注释一般为编注。)

2. 伦尼·布鲁斯(Lenny Bruce): 美国喜剧界大师、社会评论家、讽刺作家, 以其开放自由的喜剧风格和犀利毒舌的政治讽喻而闻名。鲍勃·福斯导演的《伦尼的故事》为其传记片, 美剧《了不起的麦瑟尔夫人》也把他的真实事迹编排进剧情。

3. 放送作家: 指日本广播电视界中, 基于节目企划写作台本、编排节目的人, 包括广播剧作家、电视节目编剧等。此处保留日语"放送作家"的说法。

4. 东京 Sunshine Boys: 剧团名取自三谷幸喜推崇的美国剧作家尼尔·西蒙的作品《阳光小子》(*The Sunshine Boys*), 该剧首演于 1972 年, 1975 年被翻拍为同名电影。

5. 时髦剧(trendy drama): 特指日本泡沫经济时期(1988—1991 年)制作的一系列电视剧, 这些剧集多表现都会时尚男女的恋爱和生活。——译注

6. 箱根驿传（箱根驿传）：正式名称为东京箱根间往复大学驿传竞走，是日本在每年 1 月 2 日至 3 日举行的一项驿站接力赛，由日本马拉松之父金栗四三等人于 1920 年所创办。——译注

7. sterben：德语动词，表示死亡、去世。

8. 匹亚电影节（Pia Film Festival）：简称为 PFF，1977 年首度举办。以"发现和培育新的才能"为主旨，为日本的电影界发掘了许多新人。——译注

9. 唐十郎（1940— ）：剧作家、演员。日本先锋戏剧的代表人物。——译注

10. 红帐篷：以唐十郎为核心的剧团"状况剧场"的通称。该剧团于 1968 年在东京新宿花园神社的一顶红色帐篷中举行了初次公演，自那之后，人们就按帐篷的颜色通称该剧团为"红帐篷"。

11. 尼尔·西蒙（Neil Simon，1927—2018）：美国传奇剧作家，曾获普利策奖。《单身公寓》（*The Odd Couple*）是他的代表作之一，获得过托尼奖。剧中人物为两位离婚后搬到一起住的男性老友，他们的性格脾气和生活习惯截然不同：一位孤僻懒散、一位活泼居家，两者仿佛老夫老妻般度过了一段相爱相杀的"同居"生活。改编自该剧的同名电影上映于 1968 年，主演为沃尔特·马修（Walter Matthau）和杰克·莱蒙。

12. 西德尼·吕美特（Sidney Lumet，1924—2011）：美国电影导演，代表作有《十二怒汉》《热天午后》《电视台风云》

《东方快车谋杀案》等。除了《12 个温柔的日本人》向《十二怒汉》致敬外，三谷幸喜也创作过日版《东方快车谋杀案》（2015）的剧本。——译注

13. 暗转：戏剧演到某一场或某一幕时，舞台灯光暂时熄灭，表示剧情的时间变化；或同时迅速变换布景，表示剧情的空间变化。——译注

14. 警部补：日本警察阶级之一，位居警部之下、巡查部长之上。一般负责担任警察实务与现场监督的工作。

15. 编成部：日本广播局、电视台系统中的节目编排部门。

16. 科伦坡在向嫌疑人套话的时候，很喜欢说些有的没的、家长里短的话，目的是令嫌疑人放松警惕。其中比较有名的一句是"我太太她呀……"，后面常接一些日常琐事。

17. 铃木一朗（1973— ）：日本前职业棒球手，日本棒球界的传奇之一。职业生涯共击出超过 4000 支安打，至今仍保持美国职棒大联盟单赛季最多安打 262 支的纪录，以及连续 10 球季皆能击出 200 支以上安打的吉尼斯世界纪录。

18. 明石家秋刀鱼（1955— ）：日本落语家、搞笑艺人、演员、主持人，在《古畑任三郎》中饰演杀害女友后嫁祸给今泉的律师。——译注

19. 伊丹十三（1933—1997）：日本导演、演员。导演代表作有《蒲公英》《民暴

之女》《受监护的女人》等，御用女演员是他的妻子宫本信子。——译注

20. 奥姆真理教事件：即东京地铁沙林毒气事件，日本战后严重的恐怖袭击事件。1995 年 3 月 20 日上午，多名奥姆真理教教徒在东京都营地铁丸之内线、千代田线和日比谷线的 5 班列车上同时散布沙林毒气，造成 13 人死亡，超过 6300 人轻重伤。——译注

21. 劫机事件：指全日空 857 号班机劫机事件。1995 年 6 月 21 日，全日空 857 号班机由东京国际机场飞往函馆机场，途中被东洋信托银行的一名前职员九津见文雄劫持。机上的 364 名人质事后被北海道警察机动队解救。——译注

22. 大野弁吉（1801—1870）：江户时代的发明家，据说自动人偶、照相机、望远镜等都是他的发明。——译注

23. 冈田以藏（1838—1865）：幕府时代末期的著名刺客，四大刺客之一，人称"人斩以藏"。——译注

24. 割台词（わりせりふ）：指歌舞伎里，两位演员分别以内心独白的形式交替说出互相关联的台词，到最后一句时一齐唱和的表演。——译注

25.《名月赤城山》：既有同名歌曲，亦有 1953 年新东宝出品上映的同名电影，二者内容上都与江户时代的侠客国定忠治（1810—1851）有关。

26. 构成作家：在广播电视节目制作过程中，考虑节目的整体流程、研究吸引观众方案的企划人员。

27. 达摩（ダルマ）：一种用于祈福开运的不倒翁玩具，以禅宗达摩大师的坐禅姿为原型制作而成，外表大多被涂为红色，常见于日本的寺庙和纪念品商店。

28. 在《受监护的女人》的演职员表里，三谷幸喜的署名职位是"企划协力"。

29. 蔷薇座：以东京都初台为据点进行活动的剧团，1963 年成立。——译注

30. Kokoriko（ココリコ）：由田中直树和远藤章造组成的日本搞笑组合，隶属于吉本兴业旗下，1992 年出道，被列为搞笑第四世代的代表。

31. 在最终的成片里，海归设计师使用的长度单位是英寸（inch）。

32. 此处所指的作品可能是伍迪·艾伦的《丈夫、太太与情人》（*Husbands and Wives*，1992），为该片掌镜的是意大利传奇摄影师卡洛·迪帕尔马（Carlo Di Palma），他与伍迪·艾伦合作拍摄过十余部影片。

33. 剧名"HR"是 homeroom 的缩写，指一组学生与负责的老师在特定时间集合交谈的指导教室。

34. 定时制高中：日本对于因工作和家务等关系，不能接受全日制授课的学生所设立的高中。学生可利用夜间或上下午的一定时间上课，从而取得高中毕业

的资格。《HR》中的定时制高中是一所
夜间学校。

35. 大河剧（大河ドラマ）：NHK 电视台
自 1963 年起每年制作一档的长篇历史电
视连续剧的系列名称，主要以日本历史
人物或一个时代为主题，多改编自历史
小说，但有较严谨的时代考证。

36. 戊辰战争（1868—1869）：日本历史
上在王政复古中成立的明治新政府击败
江户幕府势力的一次内战。1868 年乃戊
辰年，故有此名。新选组在戊辰战争中
协助幕府一方作战，1869 年战败投降后
解散。

37. 松本幸四郎、市川染五郎均为歌舞
伎演员的名号，此处所指演员本名为藤
间昭晓（1942—　），出身自歌舞伎世
家高丽屋。他于 1959 年袭名市川染五
郎（第六代），1981 年袭名松本幸四郎
（第九代），2018 年袭名松本白鹦（第二
代），松隆子是他的女儿。

38. 中村勘九郎为歌舞伎演员名号，屋
号是中村屋。此处所指主演本名为波野
哲明（1955—2012），他于 1959 年袭名
中村勘九郎（第五代），2005 年袭名中
村勘三郎（第十八代）。

39. 池田屋事件：日本江户时代后期，
1864 年 7 月 8 日在京都发生的一宗政治
袭击事件。池田屋是京都三条小桥的一
间旅馆，当日京都守护职属下的武装组
织新选组突袭池田屋，屋内多位主要来
自长州藩的尊王攘夷激进派重要人物被
杀或被捕。——译注

40. 三谷幸喜后来如愿写了一部战国时
代的大河剧剧本——《真田丸》，该剧
首播于 2016 年 1 月，由堺雅人主演。

41. 石川啄木（1886—1912）：日本明治
时期的诗人，代表作有诗集《一握砂》
《可悲的玩具》等。——译注

42. 榎本健一（1904—1970）：日本知名
喜剧演员、歌手。活跃于二战前后的日
本，被称为"日本喜剧王"。

43. 萨列里（Antonio Salieri，1750—1825）：
意大利作曲家。在许多莫扎特传记中，
萨列里被描述成一位嫉妒莫扎特才能、
处处刁难、阻挠他成功的音乐大师。在
英国剧作家彼得·谢弗（Peter Shaffer）
创作的戏剧《上帝的宠儿》（Amadeus，
另译《莫扎特传》）中，他是重要的角
色，全剧细腻刻画了他与莫扎特之间亦
敌亦友的复杂关系。改编自该剧的同名
电影上映于 1984 年，由米洛斯·福尔曼
执导，获得多项奥斯卡大奖。——译注

44. 原文为 Mediocrities everywhere—now
and to come—I absolve you all! Amen!
中译文为"世界各处的庸才——现在的
和未来的庸才——我赦免你们无罪！阿
门！"（《上帝的宠儿：英汉对照》，[英]
彼得·谢弗 著，英若诚 译，中国对外
翻译出版公司，1999）

45. 舒芬尼克尔（Claude-Émile Schuffenecker，1851—1934）：法国印象派画家、美
术教师、艺术收藏家。

46. 修拉（Georges Seurat，1859—1891）：

法国画家，点彩画派的代表画家，新印象派的重要人物，代表作品为《大碗岛的星期天下午》。——译注

47. 高更（Paul Gauguin，1848—1903）：法国画家，印象派代表人物，主要作品有《我们从何处来？我们是谁？我们向何处去？》《你何时结婚》等。——译注

48.《拿破仑这家伙》的日文剧名为『おのれナポレオン』，"这家伙"（おのれ，罗马音 onore）的读音与法语"honneur"的日式读音相近，后者意为荣誉、名誉。

49. 亨德尔（Georg Friedrich Händel，1685—1759）：出生于德国的男性作曲家，巴洛克音乐的代表人物。相对于巴赫（J.S.Bach）被评为"音乐之父"，亨德尔在日本通常被称为"音乐之母"，这是日本人为了将亨德尔定位为与巴赫平齐的大师而设计的称呼，在欧美并不存在这样的说法。

50. 永井荷风（1879—1959）：日本小说家、散文家，唯美派文学代表作家，主要作品有《地狱之花》《濹东绮谭》《晴日木屐》等。——译注

51. 古川绿波（1903—1961）：日本喜剧演员，主要电影作品有《直至胜利时》《妇系图》《芝居道》等。——译注

52. 力道山（1924—1963）：在日朝鲜人，第二次世界大战后日本最具代表性的职业摔角选手，也是将摔角引进日本的先行者。——译注

53. 吉田茂（1878—1967）：日本前首相，亲美派首要人物，凭借政治才能稳定了日本战后的混乱局面。个性中有着辛辣幽默的一面，在历史上留下了许多独特的逸闻和名言。

54.《有顶天酒店》的原片名为『THE 有頂天ホテル』，"ホテル"来自『グランド・ホテル』（《大饭店》），"有顶天"来自『有頂天時代』（《摇摆乐时代》，或译《欢乐时光》）。"有顶天"在日语中原为佛教用语，指生死轮回的迷界中最高的天，亦可形容欢天喜地、高兴得手舞足蹈，此处含义据来源应取后者。

55. 日本过阳历新年，除夕（日语"大晦日"）指的是 12 月 31 日。

56. 酒店名 Avanti 为意大利语，原意是前进、进来、来吧。三谷喜爱的导演比利·怀尔德有部作品《两代情》（Avanti!，1972）亦为此名。

57. 除了形式上的参考，《有顶天酒店》里的套房分别叫嘉宝套房、克劳馥套房、巴里摩尔套房、莱昂内尔套房……它们取自《大饭店》中主演演员的姓名（葛丽泰·嘉宝、琼·克劳馥、莱昂内尔·巴里摩尔），三谷幸喜借役所广司饰演的主角之口点明了这类致敬引用，片中还出现了《大饭店》海报的特写。

58.《大家的家》里饰演主角饭岛夫妇的田中直树和八木亚希子在《有顶天酒店》中延续了夫妻角色，这对客人在开场不久处有段围绕"又要盖房子？"的对话，可算作三谷宇宙中的一个小彩蛋。

59. 市川昆（1915—2008）：日本著名导演，电影多改编自文学名著，代表作有《缅甸的竖琴》《细雪》《炎上》《雪之丞变化》，以及1964年东京奥运会的纪录片《东京奥林匹克》等。——译注

60. 守加护（守加護）的日文读音すかご（罗马音sukago）与Chicago（芝加哥）发音相近。芝加哥是美国最大的黑帮聚集地，被称为"黑帮之城"。

61. 落武者：日本战乱时期，作为败者而逃亡的武士。——译注

62. 在三谷幸喜编剧并执导的《清须会议》（2013）中，西田敏行再次饰演日本战国时代的北条家家臣更科六兵卫，所穿戏服与《了不起的亡灵》中的几乎一样。他在树林里与织田家家臣泷川一益拔刀对峙但未打打，在敌人离开后自语道："太好了，人一旦死了就什么都完了，太好了。"

63. 文乐：又称人形净琉璃，日本古典舞台艺术之一，是一种演员们（人形遣い）三人分工操作人偶，义大夫负责说唱叙事，并伴以三味线演奏的表演。其中"人形"指人偶，"净琉璃"指在三味线伴奏下的戏曲说唱。

64. G.I.Joe人偶：美国孩之宝（Hasbro）公司的代表产品，是种20世纪80年代曾经风靡一时的士兵玩具。——译注

65. 裂口（がぶ）：文乐人偶头部的一种形态，主要用以快速呈现出女性角色嘴巴开裂、变身成鬼怪的过程。

66.《曾根崎心中》：元禄十六年（1703年），日本一对青年情侣在曾根崎的森林里殉情。同年，剧作家近松门左卫门将此事件改编为人形净琉璃·文乐《曾根崎心中》，举行公演并引发轰动。日语"心中"在此意为一同自杀、殉情，类似用法另见《心中天网岛》。

67. 安土桃山时代：又称织丰时代，指1573年（或1568年）至1603年间，织田信长与丰臣秀吉称霸日本的时代。以织田信长的本城安土城和丰臣秀吉的本城桃山城（又称"伏见城"）为名。

68. 本能寺之变：日本战国时代天正十年六月二日（1582年6月21日）在京都本能寺发生的一场叛乱。织田信长的家臣明智光秀率领叛军围攻宿于本能寺的信长及其后继者织田信忠，最终两人先后身亡，织田政权的中心人物殒灭。此时信长已经荡平主要对手，即将统一日本，此次事变终结了信长统一日本的努力。

69.《武士的一分》：另译《武士的尊严》，日语中"一分"意为颜面、尊严。该片由山田洋次执导，木村拓哉主演。

70. 传真号码一般就是电话号码，固定电话的电话线连接传真机即可收发传真。

71. 此处指马丁·辛（Martin Sheen）和马龙·白兰度（Marlon Brando）两人在电影《现代启示录》（*Apocalypse Now*，1979）中饰演的角色。——译注

出版后记

　　说起日本乃至世界级的当代喜剧大师，三谷幸喜可能是影迷们脑海中首先浮现的名字。"幸喜"是其父效仿他出生时位列大关、后来晋级横纲的大相扑力士——大鹏幸喜而起。这位相扑手创下过传奇的连胜纪录，被认为是日本的国民英雄，为社会带来希望、勇气和梦想的象征。三谷也仿佛宿命般走上喜剧创作之路，从舞台剧出发，玩转电视剧和电影，凭借天赋、热情和技艺，执笔／执导了众多打破常规、机敏睿智、令人捧腹又温情脉脉的喜剧杰作，成为在日本家喻户晓的一代国民喜剧巨匠，在中国也人气颇高、拥趸甚众。

　　如此成功的三谷喜剧，搞笑的秘诀是什么？他有哪些编剧法则和风格偏好？多年来是怎么保持旺盛创作力的？不爱回顾过去的三谷在本书中首度揭开自己喜剧的帷幕，把严肃的目光投向幕后，挨部细数苦乐交织的创作历程，相信读者会从中发现这位宝藏创作人诸多不为人知的惊喜。

三谷本人虽被称为"平成喜剧之王"，但却是个常年半永久西装亮相、人前表现拘谨的"社恐宅男""冷面笑匠"，在日本业界也收到过"不苟言笑""性格乖僻""摸不透想法""沉迷于自我世界"等评价。他亦自陈个人生活比较无趣，认为逗乐观众不是件易事，一本正经地搞笑也是出于服务精神。深刻影响过三谷的美国导演比利·怀尔德曾说过："想拍好喜剧，你必须严肃。"三谷这位完美主义工作狂正是以严肃严谨的态度对待自己的创作，他作品中那些犹如拼图般拼合完美的群戏，人物之间火花四射、笑料喷涌的互动和命运勾连，更像是他对活泼轻松又饱含真情的内心乌托邦的呈现。在他笔下的浮世众生中没有彻底的反派，人人都是生活的主角，平凡的日常中多有奇迹，故事也总能喜剧收尾。

2017 年，北京国际电影节特别策划了三谷幸喜影展，选映了《笑之大学》《有顶天酒店》《魔幻时刻》《了不起的亡灵》《清须会议》《银河街道》6 部作品，喜爱《三国志》的三谷也来到中国和观众见面交流。谈到推荐的其他日本喜剧导演时，三谷自信表示："很遗憾，我觉得在日本还没有另外一位导演像我这样创作喜剧。所以，我是没有对手的。"在 2007 年首演、套用莎翁戏剧的《无所畏惧的川上音二郎剧团》中，三谷也曾在剧中剧的幕间词里写道："莎士比亚这位大师啊，大家把他当成400 年前的三谷幸喜就没错啦！"如此自夸含有调侃成分，但佳作等身的三谷也许真的堪称我们时代的莎士比亚。

在刑侦喜剧名作《古畑任三郎》中，古畑曾这样赞美自己喜爱的作家："看过老师您的作品之后，有一种勇气会翻涌而上，对于人生会勇往直前。"这话拿来形容三谷自己也很贴切，他"喜欢无能之人重新振作起来的故事"，作品常聚焦于小人物和失败者挑战命运的努力，那些充满善意、饱含关怀的描写，总能让人收获感动、重拾信念，无愧于影迷中流传的评价："绝望之时，有三谷幸喜的作品在"。在我们出版的《喜剧这回事》中，好莱坞喜剧教父史蒂夫·卡普兰（Steve Kaplan）也为喜剧下过定义："喜剧是一个非英雄想赢又缺乏必备技能，与难以克服的困难缠斗，且从不放弃希望。"喜剧的艺术，是希望的艺术，是勇气不熄、梦想不灭——这也许就是三谷喜剧打动人心的魅力所在。

关于书名，《笑之大学》是三谷的代表作品之一，陈道明和何冰主演的热门话剧《喜剧的忧伤》即改编于此。望文而生的"欢笑之大学问"或可传达出三谷以喜剧为底色、功力深厚讲究的创作特质。另外，《笑之大学》一作本身讲的就是编剧和种种"限制"博弈周旋，一次次让奇葩限制成为增添剧本"笑果"之助攻的故事，与贯穿全书的理念"因为有限制才能创作"也形成了微妙的互文呼应。

在出版过程中，出于对三谷的喜爱和敬意，译者和设计师都很重视本书。译者林煌老师极为认真负责，多次精心打磨过译稿。封面由台湾设计师蔡佳豪先生操刀，他以敏锐眼光抓住本书气质，献上了正中红心的装帧设计。我们则尽力核验了书中细节，但仍可能有力所不及、疏漏讹误之处，还请读者朋友不吝指出。

　　最后，在本书临近出版之际，日本传来了年仅四十岁的"微笑女王"竹内结子离世的消息，令人震惊、难过又惋惜。她曾与三谷有过 7 次合作，为影迷熟知的可能是在《了不起的亡灵》中一人分饰姐妹两角，还有《大空港 2013》中扮演四处奔走的地勤人员。她的笑颜和风姿被影视作品永远凝成了琥珀，收束于《大空港 2013》的本书，或可作为一种纪念。

"电影学院"编辑部

拍电影网（www.pmovie.com）

后浪出版公司

2020 年 10 月

图书在版编目（CIP）数据

笑之大学：三谷幸喜谈创作 / （日）三谷幸喜，
（日）松野大介著；林煌译 . -- 北京：中国友谊出版公
司，2020.12

ISBN 978-7-5057-5003-6

Ⅰ . ①笑… Ⅱ . ①三… ②松… ③林… Ⅲ . ①三谷幸
喜—访问记 Ⅳ . ① K833.135.7

中国版本图书馆 CIP 数据核字 (2020) 第 176254 号

著作权合同登记号　图字：01-2020-6855

书名　笑之大学：三谷幸喜谈创作
作者　[日] 三谷幸喜　[日] 松野大介
译者　林煌
出版　中国友谊出版公司
发行　中国友谊出版公司
经销　新华书店
印刷　北京盛通印刷股份有限公司
规格　889×1194 毫米　32 开
　　　7.5 印张　162 千字
版次　2020 年 12 月第 1 版
印次　2020 年 12 月第 1 次印刷
书号　ISBN 978-7-5057-5003-6
定价　52.00 元
地址　北京市朝阳区西坝河南里 17 号楼
邮编　100028
电话　（010）64678009